Die afrikanische Bauherrn-Loge
–
Jünger des Meisters

Fredo von der Welt
(Wilhelm Quintscher)

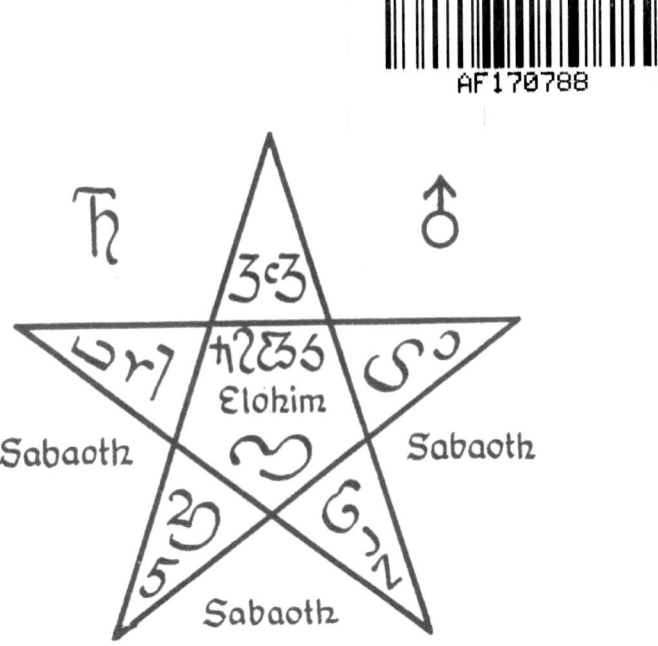

Mein Dank geht an Peter Windsheimer
für das Design sämtlicher Bilder.

Für Schäden, die durch falsches Herangehen an die Übungen an Körper, Seele und Geist entstehen könnten, übernehmen Verlag und Autor keine Haftung.

Copyright © 2023 by Christof Uiberreiter Verlag

Herstellung und Verlag:
BoD – Books on Demand, Norderstedt
ISBN: 9783739200637

Alle Rechte, auch die fotomechanische Wiedergabe (einschließlich Fotokopie) oder der Speicherung auf elektronischen Systemen, vorbehalten – All rights reserved

Die afrikanische Bauherrn-Loge

Die mystische Geschichte eines Wahrheitssuchers
– Fredo von der Welt –
Mitglied der internationalen okkulten Vereinigung

Motto: „Willst du, dass wir mit hinein.
In das Haus dich bauen,
Lass es dir gefallen, Stein,
Dass wir dich behauen."
Kerning.

Ich war arbeitslos in Hamburg. Mein Geld, von dem ich schon wochenlang gezehrt hatte, ging zur Neige. Vergebens hatte ich eine geeignete Stelle auf einem Schiffe gesucht. Nun zwang mich die herannahende Not, nach der ersten besten Gelegenheit zu greifen. Deshalb suchte ich Tag für Tag im Arbeitsmarkt des Hamburg-Altonaer Generalanzeigers in den Inseraten nach, ob für mich nicht was dabei wäre.

Da blieb mein Blick an einer Stelle haften: „Gesucht junger Mann, welchem Gelegenheit geboten ist, sich schnell Geld für eine Reise nach dem Ausland zu verdienen. Zu erfragen in der Geschäftsstelle des Blattes."

Ohne lange zu überlegen, nahm ich meinen Hut und eilte nach dem Geschäftsgebäude. Dort erhielt ich die gewünschte Auskunft. Uhlenhorst, Straße und Nummer so und so. Gut, hin! Auf mein Läuten erschien ein Mann, anscheinend der Portier, und frug nach meinen Wünschen.

„Ich möchte Herrn Birani sprechen," entgegnete ich. „Komme ich hier recht zu Herrn Birani?"

„Jawohl, das bin ich selbst," entgegnete der Öffnende, „was soll es."

„Ich komme wegen des Inserates im Generalanzeiger," begann ich schüchtern.

„Ach ja, treten Sie näher. Was für ein Landsmann sind Sie?", frug er mich scharf musternd. Auch ich, schaute ihn mir genau an, ehe ich antwortete: „Sachse."

Ein mittelgroßer Mann mit energischen Gesichtszügen und sehr gebräunter Hautfarbe, mit lebhaften Augen. Er führte mich in ein Zimmer und nötigte mich zu setzen. Der Fußboden war mit Teppichen belegt. Schöne und geschmackvolle Möbel waren mit Landschaften und großen Bildnissen geschmückt, von Männern, deren Namen ich noch nie gelesen hatte. Eines davon interessierte mich sehr. Es war Cagliostro, ein Schwarzmagier! Birani sah, an wem meine Blicke hingen, und ein Lächeln glitt über seine Züge.

„Wie ist Ihr Name?", frug er. Ich nannte ihn. Überrascht rief er: „Wie heißt denn Ihr Vater, war er in Chicago?" (Siehe Brief von Ernst Quintscher in „Allzu Unmenschliches").

Als ich bejahte, fasste er meine rechte Hand. „Sie sind der Sohn des Grafen, wir nannten ihn so. Welch wunderbares Zusammentreffen. Sie bleiben bei mir, und ich werde Ihnen alles erklären, was Ihnen jetzt rätselhaft erscheint. Drum kam mir Ihr Gesicht gleich bekannt vor. Die gleichen Augen, den gleichen starken Blick, und, wie es scheint, die gleiche Energie. Wissen Sie, Ihr Vater war mein Freund, und vergebens habe ich ihn wieder gesucht, als er Amerika verließ. Ich danke ihm vieles. Doch, wie alt sind Sie?"

„Sechzehn", erwiderte ich.

„Sechzehn erst und hier in Hamburg. Wo kommen Sie her, wo ist Ihr Geburtsort? Erzählen Sie wir bitte Ihre Lebensgeschichte."

Frisch und frei erzählte ich ihm diese, auch was mich nach Hamburg getrieben und hier in seine Wohnung. Er hatte meine Hand losgelassen und hörte mir stillschweigend zu.

Als ich geendet hatte, nickte er dem Bilde zu und sagte: „Cagliostro, dein Schüler, doch Zoroasters Lehrer". Ohne mir die rätselhaften Worte zu erklären, setzte er nur den Grund und die Ursache auseinander, die das Inserat bezweckte. Er gab mir dann den Rat, meine Sachen zu holen und dann bei ihm zu wohnen, was ich dann auch sofort ausführte. Ich erhielt ein nett ausgestattetes Zimmer als meinem Aufenthaltsraum angewiesen und fungierte nun als Privatsekretär des Herrn Birani. In dieser Eigenschaft trat ich meinen unbekannten Wohltäter täglich näher. Erfuhr vieles über Amerika und der Freundschaft Biranis mit meinem Vater, speiste mit ihm alle Mahlzeiten, aber in sein Privatzimmer war ich noch nicht gekommen.

Auch hatte Birani es stets abgeschlossen. Mich zog das Unbekannte mächtig an. Was mag darinnen sein? Weshalb hängt dieser Cagliostro im Wohnzimmer? Die merkwürdige Begrüßung? Es war mir dunkel. Den Spitznamen „Graf" hatte ich ja von meinem Vater gehört, dass er so genannt worden sei. Biranis Koch und Diener nannte mich auch stets „von Fredo," so habe ihm sein Herr befohlen. Er selbst war ein Spanier, sprach jedoch auch ein gutes Deutsch, war aber genauso verschlossen wie sein Herr. Er brachte mir alle Schriftstücke und Briefschaften, die ich zu erledigen hatte. Zu einer Anzahl Briefe hatte ich nur die Adressen auf den Umschlag zu schreiben. Öfters auch an Mijnheer Ernesto Eristee Valkenburg in Holland, Niederlande. Doch nie durfte ich eine Antwort an den Mijnheer selbst aufsetzen. Sonst erledigte ich Bücherbestellungen, Zeitungen, Zeitschriften, Einlasskarten zu Konzerten oder Schauspielen. Desgleichen hatte ich Abschriften anzufertigen von Manuskripten oder besonders inhaltsreichen Kapiteln aus Werken, die Birani anstrich. So mochten 14 Tage vergangen sein, als er eines Abends nach dem Abendessen mich anhielt, als ich mein Zimmer aufsuchen wollte.

„Fredo, besitzen Sie den Mut und das Bestreben, ein Nachfolger Cagliostros zu werden, in unbekannte Kräfte einzudringen und zu beherrschen?"

Ich sah nach dem Bilde des dunklen Scharlatans, das Geheimnisvolle reizte mich, und ich antwortete: „Ja!"

„Dann nenne mich nicht mehr Sie und nur noch deinen Freund Harry, willst du?"

Wieder bejahte ich es. Er entgegnete: „Du stehst somit am Vorabend deiner Schülerzeit. Morgen beginnt für dich das Lernen, und morgen kommt Ernesto Eristee. Ich weiß, du bist aus gutem Kern. Doch über alles, was mit dir und um dich geschehen mag, übe Schweigen, bis ich oder Eristee nicht mehr sind. Dann führe das Werk, unser Werk und des Meisters weiter.

Zwei Gewalten bist du unterworfen, beide erfordern dein Selbst. Du selbst musst dich entscheiden, wenn deine Stunde kommt. Nicht heute, nicht morgen, erst später. Empfange du somit aus meiner Hand das Zeichen. Den Spruch, der darauf steht, beherzige und halte. Opfere dein Höchstes, ja dein Leben für den Freund oder jenen Bruder, der dich und deine Hilfe damit ruft. Gute Nacht, Fredo!"

Dabei drückte er in meine Hand eine Silbermünze. Mit eigentümlichen Gefühlen verließ ich das Zimmer. In dem meinigen angekommen, betrachtete ich neugierig bei Licht das Silberstück. Es war eine Palme

darauf, in deren Stamm eine Gestalt was schrieb oder schnitt, umrahmt von den Worten: Vergiss deines Freundes nicht. Auf der Rückseite fassten zwei aus Wolken hervorkommende Hände ineinander, darunter zwei Schilde mit den Namen David-Jonathan, umrahmt mit: Unser Lieb und Treu sei wie diese zwei.
Lange betrachtete ich die Münze, dann steckte ich sie ins Geldtäschchen; zog mich aus, warf mich ins Bett und war bald eingeschlafen. Ein grelles Licht blendete meine Augen. Vor mir stand eine große Gestalt in alter Tracht und winkte mir, zu folgen. Wie ein Bann lag es mir in den Gliedern, doch ich gehorchte. Wir schritten die Treppe hinunter zum Hause hinaus und wandelten bald in finsteren Gassen. Das kam mir so wunderlich vor, aber warum wusste ich nicht. Der Fremde berührte einen Klopfer an einem Tore. Dieses sprang auf, und wir traten ein. Ein altertümlicher Hof war es, den wir durchschritten und auf ein uraltes Gebäude zugingen. Aus diesem ertönte eine wundersame Musik. Ich fühlte mich bewegt, begeistert, bald froh, bald trübe von diesen Tönen. Staunend blieb ich stehen. Doch mein Begleiter winkte: „Komm!" Eine alte Steintreppe ging es hinauf, durch einen finsteren Flur in ein wohlausgestattetes Zimmer, welches hell erleuchtet wurde. Durch was und von wo, sah ich nicht. Die Wände und der Fußboden waren mit Teppichen bekleidet. Ein Ruhestuhl, kleine Sessel, ein großer alter Tisch und mehrere mit Schnitzereien verzierte Schränke nebst einem bläulich schimmernden Spiegel befanden sich darin. Der Fremde kreuzte die Hände über der Brust, verneigte sich und ließ mich allein.
„Tritt näher," sagte eine Stimme, die von der Decke aus herzu tönen schien. Willenlos kam ich näher, mich umfing etwas, was ich mir nicht erklären konnte. Mit vielen Akkorden, bald leise, bald stärker erklang die geheimnisvoll tönende Musik. Erstaunt sah ich mich um. Niemand. Am Spiegelglase blieben meine Blicke hängen. Ein leichter blauer Dunst lag auf diesem, welcher wallte und wogte, sich zusammenschob und verdichtete, und plötzlich sah ich eine Gestalt herauskommen – Cagliostro.
Lange schwarze Locken hingen ihm im Nacken. Seine Augen funkelten gleich einer Katze. Über dem bunten Wams hing eine breite Goldkette mit einem Medaillon, in welches ein blaugrünlich schimmernder Stein eingefasst war. Die Gesichtsfarbe und die der Hände waren braun. An seinen Fingern der rechten Hand saßen mehrere Ringe, davon einer mit einem blutroten Stein. Erschrocken trat ich zurück, doch der Dunst

verschwand, die Gestalt blieb.

„Sei willkommen," sagte er mit wohlklingender Stimme, „ich brauche dich."

„Was soll ich?", entgegnete ich.

„Ich brauche dich," sprach er wieder und zog die dunklen Augenbrauen finster zusammen. „Tue, was ich dir sage, ohne zu fragen, und wage nicht, aufzulehnen. Von mir und mit mir kannst du viel lernen, und ich will nichts Arges. Sei furchtlos und erschrecke über nichts. Viele beneiden dich darum, mein Schüler zu sein."

Dann wogte der Dunst, und Cagliostro war verschwunden. Mich beschlich ein unbehagliches Gefühl, wie, als ginge ich einer großen Gefahr entgegen. Doch bald hatte ich mich beruhigt, und mein Wissensdrang, nachzusehen, was in den Schränken sei. Auch wo Cagliostro hergekommen. Rasch trat ich an das erste Schränkchen, leider war weder Schlüssel noch Schlüsselloch zu sehen, nur mehrere Rosetten. An diesen zog und drückte ich. Ein leiser metallischer Klang ertönte. Das Türchen sprang auf. Wie es schien, befanden sich lauter Dosen darinnen. Schnell langte ich eine heraus. Fast hätte ich diese vor Entsetzen weggeschleudert. Eine ungeheure Spinne mit einer Menschenlarve kroch oder schwamm darin herum. Die Larve (der Ätherkörper) rollte fürchterlich mit den Augen. Eiligst brachte ich dieselbe wieder an Ort und warf das Türchen zu. Eine schmeichlerische, durch alle Fasern ziehende Weise ertönte. Ein Locken, Jubeln, Hinziehendes hatten diese Töne. Wie gebannt blieb ich vor diesem bläulichen Glase stehen. Die Nebel wogten wieder. Dann wurde das Glas klarer, reiner und ich sah einen Saal, in dem eine große Anzahl Menschen saß oder stand, und mitten unter ihnen Cagliostro. Rechts von ihm brannte ein großes Feuer. Der Alchimist hatte einen kunstvoll gearbeiteten Stab in der Hand und schlug mit diesem in die Luft. Einmal, zweimal, dreimal. Ein Surren und Sausen mich wie ein Wirbelwind. Wände und Decken teilten sich, und ich stand – mitten im Feuer des Saales. Doch so hell auch die Glut loderte, ich fühlte sie nicht, nur konnte ich keinen Blick von den Augen des Zauberers wenden. Dieser sprach: „Steige aus der Glut und tritt unter sie."

Dabei zeigte er auf die Versammelten. Diese wichen jedoch zurück. Nur mehrere Beherzte fassten nach meinen Armen und befühlten sie, prüfend, ob ich Fleisch und Blut sei. Seine Blicke raubten mir jeden Willen.

„Tritt neben mich", gebot er. Er fuhr über meinen Kopf mit der rechten Hand, dabei Worte in fremder Sprache murmelnd. Dann schlug er mit dem Stabe nach oben in die Luft. Schon fühlte ich mich leicht und freischwebend über den Häuptern der vor Staunen erstarrten Versammelten.

„Tritt neben mich", klang es wieder. Schon stand ich neben ihm auf dem Fußboden. Wieder ruhten seine Blicke aus seinen Glutaugen auf mir. Dann kreuzte er die Arme über der Brust in ägyptischer Stellung und begann zu singen. Schmelzende, verlockende Lauten waren es, die seiner Kehle entströmten. Wundersam waren diese anzuhören. Alle lauschten, auch ich. Plötzlich glitten Schlangen über den Fußboden. Sie ringelten sich, blähten sich auf und folgten mit ihren Körpern dem Gesange. Starres Entsetzen lagerte auf den Gesichtern der Zuschauer. Alle drängten sich zusammen, um ja nicht mit den Reptilien in Berührung zu kommen. Nur ich sah gespannt zu, was diese Brut wohl noch angebe. Cagliostros Gesang wurde matter, schwächer, leiser. Die Tiere rollten sich zusammen und blieben liegen. Der Zauberer schwieg, schlug mit dem Stabe nach den Schlangen, rief (raunte) in fremder Zunge einige Worte und – verschwunden waren sie. Wieder ruhten seine Blicke auf mir. Ich trat weiter von ihm weg an das Feuer. Er zog blitzschnell einen Degen hervor und stieß ihn mir in die Brust. Ein brennender Schmerz durchzuckte mich – ich stürzte in die Flammen und erwachte.

Wie von Fieber wurde ich geschüttelt, alle meine Nerven flogen, aber ich war in meinem Zimmer bei Birani. Matt fiel das Mondlicht durch das Fenster. Erleichtert atmete ich tief auf. Gott sei Dank, ich hatte nur geträumt. Wie sich doch die Nerven erregen können. – Dann schlief ich friedlich bis zum anderen Tag.

Birani sah mich beim Frühstück forschend an, als ich das Bild Cagliostros näher ins Auge fasste. Wirklich, er trug die Goldkette und die Ringe, welche ich früher gar nicht beachtet hatte.

„Weshalb siehst du das Bild so scharf und finster an?", frug Birani. Da erzählte ich ihm den seltsamen Traum der Nacht. Er hörte aufmerksam zu, dann sagte er: „Das ist die Wirkung meiner Frage, doch hatte ich sie nicht so gewollt. Cagliostro besaß zwar wichtige Naturgeheimnisse, die auch für uns von Nutzen sind und bleiben. Aber sonst hat er mehr Unheil als Gutes angerichtet. Seine geheime Naturwissenschaft ist es, die ich kenne, und die du auch lernen und gebrauchten sollst. Heute Nachmittag beginnt für dich der Unterricht. Bis dahin bist du frei."

Damit entließ er mich in mein Zimmer. Dort vertiefte ich mich in ein historisches Werk. Beim Klange der Türglocke fuhr ich zusammen und lauschte, wer wohl kommen würde. Birani öffnete selbst und sprach: „Sei willkommen, Ernesto. Es freut mich sehr, dass du kommst."
Eine klangvolle Stimme antwortete ihm. Dann gingen beide ins Privatgemach des Hausherrn.
Wer war das? wegen dem ich so erschrocken bin, Ernesto? Eiligst wühlte ich im Adressbuch. Halt, ich habe es! Ernesto Eristee Mijnheer aus Valkenburg in Holland. Na, den werde ich wohl zu Mittag schon kennen lernen. Als ich zum Mittagsmahl in das Wohnzimmer eintrat, stellte mich Birani seinem Besucher vor.
„Don Fredo – Ernesto Eristee."
Ich verneigte mich stumm, mein Gegenüber aber gab mir die Hand und sah mir lange in die Augen. Er war ein mittelgroßer Mann mit edel geschnittenen Gesichtszügen, dunklem Haar und Vollbart, hellen, bezwingend blickenden Augen.
„Braune Augen, treue Augen", sagte Eristee lächelnd, als er meine Hand losließ. Wir setzten uns zu Tische und aßen, ohne viel zu sprechen. Nach der Mahlzeit wollte ich mich wieder entfernen, aber Birani hielt mich zurück.
„Halte, Fredo, du gehörst von heute ab zu uns. Folge uns!" Damit öffnete er die Tür zu seinem Privatzimmer und ließ Ernesto und mich eintreten, die Tür hinter sich verschließend. Da war ich also in dem merkwürdigen Zimmer, das meine Neugierde erregt hatte. Der Raum war mit Teppichen ausgelegt. Auf einem kleinen Tische lag ein Totenkopf auf einem großen Buche – zwei Freimaurersymbole. Ein großes Büchergestell stand längs der einen Wand, wohl mit Büchern gefüllt. An der anderen hingen kleine Wandschränkchen, die den Rosettenverschluss trugen, welchen ich im Traume gesehen im Zimmer Cagliostros. Zwischen ihnen hing eine große Sternenkarte. Außer einer Anzahl Stühle stand noch ein Tisch in der Mitte, auf welchem ein glattes, steinernes Kreuz mit einer Rose daran sich befand. Neben dem Fenster war in der Zimmerecke ein Thorwaldsener segnender Christus aufgestellt.
Birani nötigte mich und Eristee zum Sitzen, und dann sprach er zu mir mit feierlicher Stimme: „Sobald du diesen Raum oder irgendeinen, in dem das Rosenkreuz leuchtet, betrittst, so nenne alle, die dir darin begegnen, Brüder. Wir sind alle Brüder, alle von einem Stamme, alle von einem Geiste, wir tragen alle eine Sehnsucht im Herzen. Nur ist der Welt

dies verborgen, oder sie bekämpft das Gefühl der Einsamkeit und Sehnsucht. Wer du auch seist, was du auch darstellst im öffentlichen Leben, dies fällt, wenn du die Pforte öffnest. Unterm Rosenkreuz schwindet Alter, Stand, Reichtum, Ruhm und weltliche Ehre."
Er setzte sich. Eristee begann: „Die Brüder grüßen dich, sei willkommen. Unsere geheime Wahl fiel auf dich, denn wir werden alt und bedürfen jungen Blutes, welches unsere Arbeit und unser Wirken erbt und weiterführt. Vieles scheint dir noch dunkel, wird dir aber bald klar werden. Viele werden dich verachten und verleumden, aber auch viele anhängen. Mit Widerwärtigkeiten hast du zu kämpfen. Nicht Reichtum und Geld wird dein Lohn, aber glücklich wirst du im Besitz der Naturgeheimnisse. Doch zweifach ist die Bahn, eine rührt zum höchsten Lebensglücke, die andere in den Abgrund. Wenn du dann am Scheideweg stehst, geh den Dornenpfad. Er führt zum Lichte, zur Wahrheit."
Ernesto schwieg. Mein Hausherr begann wieder: „Jenes Zeichen, was ich dir gestern gab, ist ein freimaurerisches Erkennungs- und Notzeichen, gleich auch die Worte, die darauf stehen. Trage es stets bei dir, es kann dir in jeder Lage von Nutzen sein. Du wirst heute in den Bund eingeführt und bist ausersehen, ein Führer desselben zu werden. Vieles wirst du lernen, erfahren, viel vergessen, aber nach Jahren wird es dir von Nutzen sein. Du wirst der Welt wiedergegeben, sie wird dir übel mitspielen. Doch glücklich du, wenn ihr Zaubersang dich nicht bezwingt."
„So lerne ich nicht nur die eine Lehre, die eine Verwertung der Naturgesetze?", frug ich.
„Nein, beide Verwendungen beruhen in ein und denselben Gesetzen, in einer Kenntnis der geheimen Mächte. Alle Alchimisten, Magier und Rosenkreuzer der alten Richtung, wie auch die Ägypter, Inder, Chaldäer und Jünger der Gnosis, ja die Druiden besaßen und lernten ein und dieselbe Erkenntnis der Kräfte. Doch ihr Leben und Handeln kennzeichneten sie. So verwendeten die einen sie zum Wohle aller, während die anderen nur auf ihr eigenes Wohl bedacht waren, nur ihr Selbst, ihr Ich befriedigten, die geheimen Kräfte für blankes Geld verwandten und Not, Schrecken und Verbrechen um sich aufhäuften. Für ihren Eigennutz suchten sie die geheimen Kräfte sogar gegen sich aufzuspielen. Verschiedenes gelang, doch früher oder später war ihr Untergang ein grausiger, denn all das Unheil rächte sich bitter," sprach Eristee. „Unser Leben ist nur eine Arbeitsstätte für den Geist, ein

Schaffen und Wirken an uns und an andern. Wie die Arbeit bezahlt wird, so belohnt sich auch unser Wirken. Wie wir handeln, so wird auch der Lohn sein. War unser Leben gut, so ist auch der Lohn gut. Wehe, wenn uns Tausende fluchen, dass wir Not, Schrecken und Elend für sie gebracht, ja nur getäuscht haben, die unwissende Welt urteilt nach dem Schein, aber auch viele Male mit Recht. An uns liegt es, die Massen, die der Materie entnommen, die der Erde entnommen, zu leiten, dass sie denen, welche dem Geiste entnommen, gleich oder doch ähnlich werden."
„Das verstehe ich nicht", warf ich ein.
Eristee erwiderte: „Erde zu Erde, Asche zu Asche, Staub zu Staub, sagt das Wort. Aber es sagt auch: Ich bin von oben her, ihr aber von unten. Das will besagen: Unser Leib, unser Fleisch ist von Erde und wird wieder zu Erde, aber unser Geist, der das Lebensfluidum in uns anfacht, ist von oben. So werden wohl Menschen, die leiblich zwar irdische Erde sind, aber einen großen und starken Geist und Willen besitzen, welcher sich so bemerkbar macht, dass man sagt, dieser ist von oben, desgleichen gibt es auch Menschen, die auch den Geistesfunken erhalten haben, aber mit aller Faser am Irdischen, Weltlichen hängen und nur darin Vergnügen finden. Diese sind von unten, und die es sind, die wir leiten und ziehen sollen, welche aber auch trotz des Guten, das wir ihnen getan haben, Steine auf uns werfen und schreien „Kreuzige, kreuzige" ihn! Verstehst du nun solches?"
Ich bejahte und gab zur Antwort: „So bin auch ich von oben her?"
„Ja", erwiderte Ernesto, „denn sonst wärest du nicht zwischen uns hier, und wäre die Wahl nicht auf dich gefallen. Des Menschen Geist und Seele wie Charakter und Fähigkeiten kennzeichnet sein Antlitz, und dies ist die Visitenkarte, die dem Wissenden sagt, wes Geistes Kind er vor sich hat. Du bist von Kindheit an mit großem selbständigem Geiste und zähen Willen ausgestattet. Einen zarten, feingebauten Körper hat dir das Leben gegeben, die Krankheit rasch erschüttern und vernichten können, wenn der zähe Wille schwach und lau wird. Wie ein Paulus welcher klagt: Gott hat mir einen Pfahl ins Fleisch gegeben. Auch dir, denke daran, dass du nichts bist, dein Körper im Nu vergangen, wenn das Fleisch und Fleischeslust revoltiert. Dein Geist muss seine Aufgabe lösen, und sei es unter schweren Kämpfen. Erkenne dich selbst und bezwinge dich selbst, dich selbst, deinen Körper. Dein Körper soll sein und werden wie ein Gewand und auch so gehalten, welches man

auszieht, wenn man zur Ruhe geht. Die Ruhe für dieses Gewand heißt – Tod. Nicht der Tod, den die Unwissenden und irdische Welt kennt, nein, wie wenn man nach schwerer Arbeit schlafen will. Weshalb fürchtet der Weltliche den Tod so sehr? Weshalb will er nicht sterben? Weil er aus und von seinen weltlichen und vergänglichen Genüssen entrissen wird. Weil er glaubt, der Tod ist das Ende, die Strafe, eine Qual und nach ihm alles aus. Mitnichten, auch du wirst selbst noch erfahren, dass der Tod nur ein Wechsel des Gewandes ist. Eine Wohltat, wie wenn eine schwere Last von uns abfällt. Wie unser Wirken, so der Lohn, wie unser Leben, so der Tod. Ach, ich sehne mich nach ihm und nach dem mir nicht unbekannten Reich. Mit Freude will ich hier die Augen schließen und dort erwachen, dann vor den Meister treten und sagen: Herr ich habe mich bemüht deinen Lehren gerecht zu leben und deinen Willen zu vollbringen. Ich habe wenigstens einen Jüngeren zurückgelassen.

Wo dein Schatz ist, da ist auch dein Herz. Hast du Weltschätze angehäuft, so musst du sie verlassen und nackt und bloß einhergehen, aber hast du Geistesschätze gesammelt, dann hat dein Geist sein Gewand, und du hast genug der Wegzehrung. Licht ist dann dein Weg und ins Licht. Im anderen Falle aber stockdunkle Nacht, wo vor deinen geistigen Augen blitzschnell die Bilder deines verfehlten Erdenlebens ziehen. Siehe, ich zeige dir bei der Wege Lohn und bei der Wege Folgen. Ich kann nicht mehr als ein Lehrer seinen Schülern lernen, an dir liegt es, zu handeln. Aber ich weiß, du hast einen treuen Sinn und wirst den rechten Weg gehen."

„Das will ich auch", rief ich erregt, „doch weshalb soll ich da die Kenntnis der schwarzen Magie, der Zauberer und Scharlatane auch mitlernen? Genügt es nicht nur die geheimen Kräfte und deren Wirkungen?"

„Du musst die Kräfte, deren Entwicklung und Wirkung der schwarzen Magie genauso kennen, wie die der weißen. Ohne diese Kenntnis lebtest du, wirktest und lehrtest du nur einseitig und könntest leicht aus Unkenntnis unnütz in Kämpfe geraten, in die dich ein schwarzer Magier gebracht hat. So aber kannst du ihm mit gleichen Waffen begegnen. Schüttle nicht den Kopf, dies siehst du noch nicht ein. Hast du denn meine vorige Rede schon vergessen, wo ich sagte, die Kräfte und Mächte sind die gleichen? Nur, dass ein Guter bessere Ströme anzieht als einer, der Böses im Schilde führt. Magie ist eine Kenntnis verborgener Kräfte und eine praktische Verwertung derselben. Die Kräfte sind von Urzeit an dieselben doch die Benutzung hat sich geändert. Dazu gehört ein starrer, fester Wille, eines nicht sich beugenden Willens in bestimmtem Grad. Du kannst wohl das Leben einer geliebten Person durch Ausübung der Macht erhalten, aber wisse auch, ob es ihr gut und rätlich ist, länger zu leben. In vielen Fällen wäre die Seele schuldloser und reiner dahingegangen als nach und so viel Jahren. Während dieser Zeit hast du schon bitter bereut, ein Leben erhalten, aber eine Seele zerstört zu haben. Dieselbe Seele tritt dann vor dich hin, wenn auch du denselben Fleischesweg wandelst, und macht dir bittere Vorwürfe. Halte dich dabei stets an das Urgesetz. Wie die Schrift sagt, den Willen Gottes, und trotze ihm nichts ab, denn das ist dein Verderben. In solchen Fällen ordne deinen Willen unter den des Meisters, mag auch die unwissende Welt dich höhnen und deine Kunst verspotten. Sie kennt nicht Ursache und Zukunft. Ein Zauber ist eine Beeinträchtigung und eine Verwirrung der Sinne, eine Willenlähmung und Aufnahme fremden Willens, eine Lähmung der Gehirnnerven durch den Willen und die Macht des Ausübenden. Ja, das ganze Nervensystem wird in Mitleidenschaft gezogen. Desgleichen kann es auch eine Beruhigung, ein Auseinanderziehen, eine Entwirrung sein. Nur die Wissenden nennen weiße und schwarze Magie, gute und böse Wirkung der Ausübung. Die Welt kennt beide nicht voneinander und hält beide für Gaukelspiel, das unterhaltend, aber doch, wie sie sagt, Mumspitz ist, weil sie nichts Höheres sucht und kennt."

Eristee schwieg, ich desgleichen. Aber Birani nahm das Wort und sprach: „Das genügt für heute! Überlege dir diese Lehren wohl. Beginne mit den Übungen, die dir dieses Werk vorschreibt."

Damit nahm er ein gebundenes Buch aus dem Gestell und reichte es mir. „Jedoch schließe es stets ein, wenn du dein Zimmer verlässt," rief er mir noch zu, ehe ich das Zimmer verließ, um in das meinige zu gehen. Nicht schnell genug konnte ich in meine Stube kommen und mich ins Buch vertiefen. Auf dem Einbande stand nichts, auf dem nächsten Blatte auch nichts. Erst auf dem anderen war geschrieben:

Praktische Geheimwissenschaft.

Nach den vorhandenen Überlieferungen zusammengeschrieben v. d. W. L. d. R. K.

Erste Lehre: Setze dich bequem auf einen Stuhl, lege die Hände zwanglos auf die Knie. Richte den Blick gerade vor dich ins Leere und versuche, an nichts zu denken, wenn sich die Gedanken auch noch so jagen. Dabei ziehe die Augenbrauen fest zusammen, presse die Lippen fest aufeinander und atme ruhig und gleichmäßig. – Um dem Blick eine Stütze zu geben, befestige eine Stück Papier an der Wand. Auf dieses zeichne einen schwarzen Kreis, so groß wie einen Pfennig. Diesen Kreis blicke starr an, ohne mit der Wimper zu zucken. Wenn Ermüdung eintritt, höre sofort auf. Jedoch setze diese Übung so lange fort, bis zu einer Stunde Ausdauer. Dann erst nehme und beginne und übe mit der zweiten Lehre!

Gut, das Buch schloss ich in den Schrank, steckte den Schlüssel zu mir und begann die Übung.

Die Gedanken jagten einander, wie verliebte Katzen, aber an nichts denken, brachte ich nicht fertig, so sehr ich mich abquälte. Bald ließ ich mit den Augenbrauen nach. Schon musste ich zwinkern. Zugleich fühlte ich ein Jucken auf der Haut, wie wenn Ameisen entlangliefen. So mühte ich mich ab, bis zum Abendessen. Bei diesem wurde wenig gesprochen. Nach dem Essen bereiteten wir uns zum Ausgang in die Stadt vor. Beide, Eristee und Birani, hätten sich in weite dunkle Mäntel, vielmehr Umhänge gehüllt. Da Eristee einen besonders interessanten Fall aus seiner Praxis erzählte, achtete ich nicht auf die Straßen und Gassen, welche wir durchschritten. Vor einer Tür mit einem weißen Schilde mit den Buchstaben B. B. d. R. K. machten wir Halt. Birani klopfte mit gewissen Abständen mehrere Male an diese. Gleich darauf öffnete sie sich, und wir traten ein. Die Pforte schlug hinter ums zum. Der Hausflur war nur matt erhellt, das Zimmer, wo Eristee und Birani ihre Mäntel ablegten, ebenfalls wenig beleuchtet, wie es schien mit Mutwillen, aus besonderen Gründen.

Auf einem kleinen Tische stand das Rosenkreuz. Ich hatte neugierig an den Wänden entlang gesehen und die Einrichtung betrachtet, deshalb erstaunte ich, als Eristee und Birani einen weißen Mantel trugen, der lose über den Schultern hing und durch eine Spange am Halse festgehalten wurde. Über ihn trugen sie an einer Kette ein kleines Rosenkreuz.

„Die Brüder grüßen dich," sprach Ernesto, „bleibe hier, bis man dich holen wird. Alles, was dir befohlen wird, tue schweigend, ohne den Ausdruck deines Gesichts zu wechseln. Der Brudergruß ist: *Kreuze beide Hände über der Brust und verneige dich leicht.* In jedem Raum, den das Rosenkreuz schmückt, tritt nur mit dem Gruß, desgleichen verlasse ihn nie ohne den Brudergruß. Der gesprochene Gruß heißt: Die Brüder grüßen dich! Die Antwort dazu: Der Meister leite euch oder dich. Zur Aufnahme hänge jetzt das Erkennungszeichen an einer Schnur um den Hals. Bis dahin bist du allein."

Beide verließen den Raum. Nachdem sich noch verschiedene Male die Haustüre geöffnet und geschlossen hatte, kehrte Birani wieder und erklärte mir den Ritus.

„Das ist der Akt oder der Gebrauch bei der Aufnahme".

„Da schäme ich mich," rief ich aus, aber er entgegnete: „Alle haben denselben Weg gehen müssen und sind älter als du. Nackt und bloß kamst du auf die Welt, nackt und bloß ist auch der Weg zur Wahrheit."

Ohne noch was zu fragen, entkleidete ich mich, und Birani nahm die Kleidungsstücke mit sich fort.

„Vergiss die Sätze nicht an der Pforte," sprach er, ehe er hinausging.

Wieder traten zwei Gestalten ein mit Stricken in den Händen, schwarze Mäntel an und auch das Gesicht verdeckt. Sie banden mir die Hände fest, die Füße lose zusammen und verschwanden wieder. Ich versuchte zu gehen, das haarige Zeug der Stricke schnitt in die Haut, aber ich kam langsam von der Stelle. Drei dumpfe Schläge erschallten. Dies war das Zeichen, dass ich mich auf den Weg machen sollte. An der Tür angekommen, an welcher das Rosenkreuz hing, schlug ich mit beiden Händen an diese.

„Wer ist da?", frug es von innen.

„Ein Pilger zur Wahrheit", rief ich.

„Wer bist du?"

„Ein Sohn der Erde, der Licht sucht."

„Dann tritt über die Schwelle!"

Die Pforte öffnete sich, und ich trat ein. Der Raum war nur matt erhellt. Die Brüder standen im Halbkreis, ein künstlerisches Feuer loderte in der Mitte. Bis an das Feuer trat ich heran, dann hob ich die gefesselten Hände.

„Schreite zur Wahl," gebot eine Stimme.

„Vor deinen Augen werden die rollenden Kugeln entscheiden, ob du unser wirst oder nicht."

Dicht neben mir wurde ein Drahtkorb aufgestellt, in einiger Entfernung zwei andere mit schwarzen und weißen Kugeln. Die Anwesenden schritten einzeln an mir vorbei, jeder warf eine Kugel in den Korb neben mir. Nicht eine schwarze fiel dazwischen.

Eristee trat mit gezogenem Degen auf mich zu und sprach: „Der Chor der Brüder hat dich gewählt. Werde frei von den Banden der Finsternis!" Dabei zerschnitt er die Fesseln mit der Klinge. Froh, den lästigen Druck los zu sein, schleuderte ich dieselben von mir.
„Führet ihn hin, dass man ihn bekleide.", rief Eristee feierlich.
Zwei Brüder, einer war Birani, fassten mich an den Händen und brachten mich in einen kleinen Raum, wo ich meine Kleider wieder anzog. Birani erklärte mir aber den weiteren Fortgang des Ritus. Dann ergriff er meinen rechten, der andere meinen linken Arm, und wir betrachten den großen Raum wieder. Dieser war nun hell erleuchtet, in der Mitte der einen Wand war eine Erhöhung geschaffen, wie ein Altar, vor der Eristee stand. Die beiden brachten mich vor ihn. Eristee sprach: „Jüngling, wer hieß dich uns nahen?"
Ich: „Die Sehnsucht."
Er: „Hast du denn nichts mehr für die Welt?"
„Die Verachtung!"
Er: „Was ist dein Glauben?"
„An die Liebe."
Er: „Dann gib uns das Zeugnis."
Der Bruder an der linken Seite: „Er ist noch zu jung."
Birani: „Ich zeuge für ihn."
Eristee: „Dein Zeugnis, Bruder, der du ein Oberer des Bundes bist, genügt mir ungesprochen."
Er trat auf mich zu. Ich hatte die Hände über der Brust gekreuzt und neigte mein Haupt. Eristee aber sprach: „Die Brüder grüßen dich, sei willkommen in unserm Bunde."
Dabei fiel ein weißer Mantel um meine Schultern. Eristee ergriff meine Hände und sah mir fest in die Augen und fuhr fort: „Bruder, du bist der Letzte in unserem Bunde, den wir aufgenommen haben, werde aber der Erste, wenn die Zeit kommt, wo du ihn wieder neu errichtest. Wir sind alle alt geworden im Dienst des Bundes. Manches müde Haupt wird sich bald zur Ruhe legen, und nur du bleibst zurück. Gedenke stets daran, dass du mit uns verbunden bist, bis dich der Meister auch zu sich ruft."
Wieder traten wir zurück. Jeder der Brüder bot mir seine Hand mit einem Willkommensgruß. Eristee aber sagte zu Birani: „Bruder hier bist du der Obere, walte deines Amtes."
Die Sitzung begann. Ich hatte neben dessen Sitz zu stehen und Handreichungen zu machen.

Gegen Mitternacht waren wir wieder in der Wohnung Biranis. Eiligst suchte ich mein Zimmer und mein Bett, nachdem ich beiden eine gute Nacht gewünscht hatte. Nicht lange darauf war ich eingeschlafen.
Ein Mann stand vor mir und sprach: „Komme, ich will dir etwas zeigen."
Willenlos folgte ich. Draußen war es dunkle Nacht. Mein Begleiter frug: „Was siehst du?"
Ich entgegnete: „Nichts."
Da fuhr er mir mit seiner Hand über meine Augen und schon wurde es heller.
„Wir befinden uns im Lande der Schatten", begann er wieder. „Alle, die du siehst, sind Weltmenschen gewesen. Hohl und leer, nur Befriediger ihrer Begierden. Öd und leer ihr Leben, öde und wüst ihr Tod. Dieses sind alles Seelen, deren materieller Sinn ausgeprägt ist auf Kosten des Geistes."
Da kamen Totengerippe, Tiger und Tiergestalten auf uns zu.
„Wer bist du?", frug ich das Skelett. „Ich bin ein Lehrer und Forscher, der keinen größeren Ruhm kannte als Ehre und klingendes Gold. Alle anderen musste ich überflügeln und beiseiteschieben. Ein Gehirnleiden raffte mich hinweg. Es ist alles so hohl und leer in mir. Nichts ist mir geblieben, und ich habe auch nicht an das Jenseits geglaubt. Die Flüche derer, welche ich meiner Ehre um und Ruhmsucht opferte, denen ich den Glauben der Kindheit raubte, haften an mir und peinigen mich wie das Ungeziefer."
Damit verschwand er.
„Was bist du?", frug ich den Tiger.
„Was ich bin, wer hätte nicht meinen Namen mit Schrecken genannt, Blut, Not und Elend habe ich dahin gebracht und geschleudert, wo es mir beliebte oder meine Intrigen versagen wollten. Unersättlich war ich nach Macht. Ich habe sie besessen, die geistliche und die weltliche, zum Unheil aller. Was mir zu trotzen wagte, wurde vernichtet."
Der Tiger rollte die Augen und ging.
Als ein Affe mit misslichem Aussehen vorbeihuschte, frug ich meinen Begleiter, was es mit diesem für Bewandtnis habe.
„Das ist einer der sogenannten Kavaliere, die mehr darstellen möchten, als sie in Wirklichkeit sind. Schürzenjäger ersten Ranges, Knabenschänder, richtige Wolllustteufel, deren Seele sich nur mit eingefleischter Materie beschäftigte.
Alle diese fassen und brauchen nach ihrer Art Höheres nicht. Mit

Geistigem, Edlem wollen sie nichts zu tun haben. Nur recht in ihrem Schlamm und Schmutz wühlen, das ist ihr Gott, ihr alles. Alles andere verwarfen sie als Kulturmenschen für Blödsinn und nicht zeitgemäß und Aberglauben. Das sind nun diese feinen Kulturmenschen in Nacht und Finsternis gehüllt. Das zeigt hier die Wahrheit, dass alles von diesen Menschen auf Erden nur Firnis war, alles Lug und Trug, Zauberbilder. Aber Tausende äfften es nach und vollführten den gleichen Blödsinn."
„Weshalb zeigtest du mir dieses?", frug ich meinen Begleiter.
„Weshalb? Damit du die Tiefen und Untiefen der Welt kennen lernen solltest, dass deine Seele hell und dein Blick klar werde und du keinen Schaden leidest. Viele sind berufen, aber wenige auserwählt. Die aber erwählt sind vor anderen, haben unter mehr Anfechtung und Kämpfen von der Weht zu leiden als die anderen. Sie haben auch eine größere und härtere Verantwortung, doch wird danach auch ihr Lohn sein. Wuchere mit den Pfunden, die du besitzest, auf dass, wenn der Herr kommt, er dich als getreuen Diener finde und behandle. Sein Wille geschehe."
Mein Begleiter war verschwunden, ich selbst war in meinem Zimmer und schlummerte bald friedlich wieder weiter bis zum Morgen. Beim Kaffeetrinken erzählte ich das Erlebnis der Nacht Eristee und Birani. Eristee sprach: „Fredo, du besitzest mehr als du ahnst. Lerne alles verwerten, dieses fehlt noch, dann leistest du mehr als wir beide zusammen."
Dann bezog sich unser Gespräch über Vorkommnisse vor Jahren in Amerika. Als wir uns gestärkt hatten, traten wir alle drei ins Privatzimmer mit dem Brudergruß nach dem Ritus. Nachdem wir uns gesetzt hatten, begann Ernesto und sprach zu mir: „Frage, jede Frage will ich dir beantworten."
„Von wem und warum ist dieser Ritus, wozu muss der Neuling nackt und in Banden vor den Brüdern erscheinen?", frug ich.
„Der Ritus", entgegnete Ernesto, „stammt von der Bauherrnloge, welche zwar schon jahrelang sich aus sich selbst heraus aufgelöst hat. Doch ist die Loge von ehemaligen Rittern oder Bauherrn vom Tempel neu gegründet und auf eine solidere Grundlage gestellt worden. Doch darf sie nur eine bestimmte Anzahl von Mitgliedern erreichen und muss sich dann von selbst wieder auflösen. Nur dem Letzten der Aufgenommenen ist es gestattet, ja befohlen, den Bund aufs Neue ins Leben zu rufen und sich den Verhältnissen anzupassen. Der Ritus bei der Aufnahme ist eine symbolische Handlung, das heißt, ein Beispiel, wie es in Wirklichkeit

mit dem Geiste geschehen soll. Deshalb wird der Neuling nackt in den Kreis gebracht. Das heißt, er soll und muss alles ablegen, was er von und in der Welt besitzt, Rang, Stand, Ruhm, Ehre und Namen. Der erste und beste Name ist Bruder. Um nun die Brüder zu unterscheiden, wird deren Vorname dazu genannt in spanischer Sprache, wie du ja jetzt auch Don Fredo hier heißt.

Weshalb in Banden? Das kennzeichnet, dass der Neuling noch mit dem Geiste in den Stricken und Lockungen der Welt liegt und nur durch die Brüder, die außerhalb der Welt stehen, befreit werden kann."

„Warum bin ich denn da der letzte?", antwortete ich.

„Weil du von Geburt dazu bestimmt bist. Dir sind Eigenschaften angeboren, die ein anderer Mensch nicht besitzt und lange, um deren Besitz zu kämpfen hat. Du kennst sie ja selbst noch nicht so recht, wirst sie aber mit den Jahren kennen und verwerten lernen. Dann ist es deine Pflicht, den Bund, welcher dann als Loge aufgehört hat, zu bestehen, neu zu gründen. Ob du den Ritus mit übernimmst, liegt an dir selbst.

Wie wir auf dich kamen, denkst du? Nun, sehr einfach, durch die Astrologie. Wir haben es ausgerechnet, und der sogenannte Zufall zeitigte das Resultat. Du musstest kommen, denn das Fluidum trügt nie. Dazu lag es in deiner Bestimmung. Wärest du der Gesuchte nicht gewesen, würdest du diese Wohnung nie von innen betrachtet haben. Dein Gang hierher wäre vergeblich verlaufen."

„Warum musste der Birani für mich zeugen, warum blieb dies ungesprochen?", frug ich wieder.

„Weil du nach dem Gesetz der Welt minderjährig bist und so jung noch nie einer in den Kreis trat. Freilich, besondere Umstände erfordern besondere Ausnahmen. Uns zwang die Zeit, dich einzuführen, doch konnten wir dir nicht den Eid der unbedingten Treue auflegen. Eben weil der Bund sich auflöst und dich in Not nicht mehr einmütig schützen kann. Wohl bleibt der Seelenring geschlossen, wenn auch die Leiber schlafen den ewigen Schlaf.

Wie dieses Gelöbnis heißt, lies in dem Buche nach, welches dir Birani gestern gab und es dir wohl zu verwahren gebot. Der ganze Ritus steht im zweiten Teil des Buches. Noch eins, wenn eines deiner Angehörigen aus dem Sichtkreis deiner Leibesaugen scheidet, so nehme nie Abschied von dem Toten, für dich ist er nie tot, sondern er lebt. Du kannst ihn erlangen, freilich für die Fleischesaugen nicht, aber durch die Harmonie, welche die Seelen miteinander verbindet."

„Was ist der Bund, und was bezweckt er?", war meine neue Frage.
„Der Bund hier ist, wie ich schon sagte, ein Kind der afrikanischen Bauherrnloge vom Tempel. Doch haben in unserem nicht nur die Größeren der Welt Zutritt und Zuflucht, sondern jeder, der nach der unvergänglichen Wahrheit sucht. Er verwendet die geheimen Wissenschaften zum Wohle aller. Jeder muss lernen, jeder muss sich erst selbst erkennen, dann kann er die Schäden der anderen heilen. Diese allgemeine Grundlage des Bundes darf und wird auch nicht untergehen. Mag sich auch der Name und die Statuten ändern, das Werk des Meisters wird weitergeführt werden bis an der Welt Ende. Bist du nun mit meinen Antworten befriedigt?"
„Ja, Bruder", entgegnete ich
Eristee. „So gehe in dein Zimmer und schlage das Bezeichnete nach."
Ich tat dies auch sofort. Begierig schloss ich den Schrank auf und war bald in das Studium vertieft.
Am Abend reiste Ernesto Eristee nach Valkenburg zurück, nachdem er sich herzlich von mir und Birani verabschiedet hatte.
„Komm zu mir, wenn dich dein Herz drängt", rief er mir aus dem Zuge noch zu.
Für mich begann ein tägliches Üben und ein reichhaltiges Studium aller verborgenem Kräfte und anverwandter Fächer. So betrat ich eines Tages Biranis Zimmer mit der Frage: „Was ist ein Vampir?"
Birani sah erstaunt von seiner schriftlichen Arbeit auf und entgegnete: „Vampire sind (gut geschulte) Menschen mit ausgeprägtem, tierischem Charakter und Tierseelen, welche ein ruchloses Vergnügen an frischem, rauchendem Blut finden. Gefährlich für alle, die ihnen nicht zu begegnen wissen. Sie kommen hauptsächlich dort vor, wo noch finsterer Aberglaube und Sklaverei, Leibeigenschaften herrschen. Einem Wissenden gehen sie nicht immer aus dem Wege, obwohl sie Entdeckung fürchten. Auch fühlen sie, dass derselbe über Mittel und Macht verfügt, denen ihr Tierisches nicht gewachsen ist. Ich selbst habe noch keinen gesehen und wünsche es auch nicht."
„Ich danke dir", sprach ich und ging wieder ans Studium.
Bei meinen Übungen hatte ich sehr mit mir selbst zu ringen. Mir war es, als hätten zwei von mir Besitz ergriffen. Der eine wollte ungestüm und rastlos empor, der andere aber zu Welt. Nur mit äußerster Anstrengung konnte ich Ordnung in meine Gedanken bringen. So war der Abend einer Logensitzung herangekommen. Birani und ich wanderten nach dem

Logenhause, still jeder in Gedanken versunken. Als wir jedoch in dem dunklen Raume standen, sprach Birani: „Höre, Fredo, präge dir heute Abend alles nochmals ein und genau, denn es ist die letzte Sitzung. Übermorgen wird nichts mehr da sein. Einer nach dem anderen geht zur Ruhe. Auch ich bald, nur du wirst noch bleiben. Auf dir ruht unser Erbe. Vergiss es nicht. Strebe nach der Vollkommenheit und zu erfüllen den Willen des Meisters. Noch eine kleine Weile, dann umtost dich wieder das Brausen der Welt. Stehe fest und treu dem Bunde und dem Bunde des Lebens."
Bewegt versprach ich es, dann warfen wir die Mäntel um und traten in das große Zimmer. Die Sitzung begann und nahm ihren gewohnten Fortgang. Ehe jedoch die Brüder auseinander gingen, rief Birani sie zusammen zu einem Kreis um den erhöhten Sitz, hieß mich vortreten und begann: „Brüder, die große Stunde ist gekommen, in der wird das letzte Mal zusammen weilen. Vor euch im Ring steht der jüngste Bruder, der gewählt worden ist, das Werk des Meisters weiter zu führen. Beuge deine Knie, Fredo, nicht vor mir, nicht vor dem Menschen, sondern dem Meister. Unser aller Segen geleite dich auf deinen Wegen. Unser aller Fürbitte für dich dringe empor alle Zeit, dass du das Werk glücklich vollendest, was wir begonnen. Alles Wissen ist Stückwerk ohne den Herrn, ohne den Meister. Mit dir und mit uns sei viel Frieden alle Zeit. Schwer ist es, Richtmeister zu sein im Reiche Gottes und selbst noch zu fehlen. Aber furchtlos und treu durch die Kraft der Liebe und Gnade wird alles gelingen. Der Herr geleite euch Brüder und führe dich und dein Werk, Fredo."
Damit fasste er meine rechte Hand und zog mich auf die Erhöhung, er selbst trat in den Ring und fuhr fort: „Wir sind die Vergangenheit, du bist die Zukunft, wir sterben und du bleibest leben. Gedenke der Stunde jederzeit, wo du als Meister vor den Brüdern gestanden hast, ehe die Scheidestunde schlug. Gedenke unserer, dass wir dir beistehen und den Herrn für dich bitten. Die Brüder grüßen dich," dabei kreuzte er rituell und die andern die Hände über der Brust und neigten das Haupt.
Ich aber sprach: „Der Meister geleite euch in Frieden."
Bewegt trat ich von Sitz herab, nach herzlicher Verabschiedung mit den anderen Brüdern verließen Birani und ich gedankenvoll das Gebäude. Mir war es, als träumte ich einen ungeheuren fantastischen Traum, aus dem ein schreckliches Erwachen folge. Aber nein, es war Wirklichkeit. Die Nacht schlief ich traumlos. Zwei Tage darauf war das Gebäude, in

welchem die Sitzungen stattgefunden hatten, bis auf den Grund niedergebrannt. Es waren nun fünf Wochen vergangen, seit ich das Haus und die Wohnung Biranis betreten hatte. Wir hatten uns beide schätzen und lieben gelernt.

Eines Nachmittags hieß mich Birani in sein Zimmer rufen und sprach: „Fredo, auch meine Zeit ist gekommen, dass ich dieses Gewand abstreife und zur Ruhe lege. Wir müssen uns trennen. Die Welt braucht nicht zu wissen, was zwischen uns besteht. Ich kann dir nichts hinterlassen, als das Erbe des Bundes. Alle Werke, die ich besitze, auch das handschriftliche, gehören Ernesto Eristee. Eine bestimmte Summe erhält mein Diener und Begleiter, welcher in seine Heimat geht. Der Rest langt für das Begräbnis und die Kosten, welche die Sachen nach Valkenburg Transportgeld kosten. Nun wärest du wohl bei Eristee wohl aufgehoben. Aber es ist nicht der Wille des Meisters. Wenn du von mir gehst, so gehst du in den Kampf, in die Welt, der dir ja sowieso nicht erspart bliebe. Je eher, desto besser, desto fester wirst du im Ausharren. Denke nicht, dass dir alles, was du gelernt hast, verloren ginge. Nein, es kommt wieder zu seiner Zeit, wenn du es brauchst. So feiern wir heute Abend des Herrn Sabbat. Für uns beide zum Wohle, dir zum Ausharren, mir zur Ruhe. Ich habe viel Unrecht getan in meinem Leben, aber ich habe mich auch bemüht, gerecht zu werden den Lehren des Meisters und ihm nachzufolgen. Das Leben ist eine große Schule und Werkstatt für dort, für den Geist. Glücklich der, welcher hat die Materie, die Welt, das Fleisch überwinden können, der sich eins fühlt mit dem Urquell. Für mich ist nichts Dunkles mehr, sondern alles Licht. Darum Bruder, gedenke meiner Worte in den Stunden der Drangsal, der Gefahr. Ohne den Meister sind wir nichts, mit ihm alles. Jahr um Jahr vergehet, nur er bleibet der gleiche. Er ist der Mittelpunkt, um den sich alles dreht. Von ihm kam alles, zu ihm muss alles. Auch der verlorene Sohn, die Welt, mag sie noch so sehr Materie sein, auch sie wird noch Geist und geistig werden. Herrlich das Wort: Siehe, ich mache alles neu. Das Alte ist vergangen. Wie armselig und klein ist der Mensch, wenn er vor der Größe der Allmacht Gottes steht. Doch wie töricht und halsstarrig ist er, wenn er das Materielle in sich bekämpfen und sich bezwingen soll. Da glaubte er die Urkraft mit einem Worte beseitigen zum können, weil es mit ihm nicht passt. Werdet wie die Kinder, sprach der Meister, so ihr nicht wie sie werdet, könnet ihr nicht ins Himmelreich kommen. Kindlichen Glauben, kindliches Vertrauen, das stark und überzeugend wirkt. Kindliche Eingabe, hier, ich bin nichts, nur du, Herr kannst alles. Verliere nie Fredo, diesen Kindersinn der harmlos allen vertraut. Machest du auch manchmal böse Erfahrungen, dass du unwürdigen vertrautest, dafür schützen dich deine Kenntnisse, welche du vom Bunde hast. Als Mensch mit dem kindlichen Gemüt verlierst du nie das Zutrauen der anderen, ja der Fremden, die dich nicht kennen. Dieses wird von allen Guten geliebt, wenn dir noch etwas unklar ist, so frage, heute kann ich dir noch als Mensch und Bruder antworten, morgen nicht mehr!"

Darauf entgegnete ich: „Ich habe mich schon verschiedene Male gefragt, kam aber zu keiner zufriedenstellenden Antwort. War mein Vater im Bunde? Oder gehörte er einem anderen an?"

Birani antwortete: „Nein, in diesem Bunde, dessen Weihe du empfangen, war er nicht, aber in einer anderen Loge der Tempelherren, von denen er auch den Namen „der Graf" herhatte. Er war in jener einer der oberen Grade mit durch seine Energie geworden. Im Standpunkt der praktischen Verwertung der Kräfte stand jene Loge weit zurück. Wie heutzutage zwei Drittel der Freimaurerlogen. Den Ritus und die Geselligkeit und gegenseitige Unterstützung, wohltätige Stiftungen haben sie beibehalten oder nach ihrer Ansicht abgeändert, sonst ist die Stätte der königlichen Kunst leer und inhaltslos. Ja, Tummelstätte der Freidenker und Gottesleugner geworden. Es ist gut, dass diese nicht den Weg zu den geheimen Kräften kennen. Furchtbares Elend würden sie anrichten. So bringe mir jenes Buch wieder, welches ich dir am Tage des Eintritts gab."

Stillschweigend betrachtete ich es.

„Ich sehe es in deinen Augen", sprach der Bruder, „dass du dieses Werk nicht gern aus der Hand gibst. Glaube mir, Fredo so sehr du daran hängst, werden Stunden kommen, in denen du das Werk überall hin, nur nicht in deine Nähe wünschest. Dann sagt auch die Bundesregel, jeder Gründer und Erneuerer des Bundes hat sich die Bücher, Lehren, Satzungen aus sich selbst hieraus zu schaffen. Ich würde dich nur in der Entwicklung stören. Was du heut noch dunkel siehst, wirst du nach Jahren im Lichte schauen. Für was du heute schwärmst, kannst du im Laufe der Zeit verachten lernen. Da zeigt sich der Kern, der rein und gut geblieben ist, trotz der begangenen Fehler. Wir sündigen und sündigen alle. Keiner kann sagen, ich bin rein. Nur der Meister, der voll und ganz Gottesgeist im Menschenkörper trug. Wir sind nie Gott, auch wenn wir

die Meisterwürde in der Loge erlangt haben, aber wir sollen Gott ähnlich werden. Ohne zu heucheln, voll und ganz mit jeder Herzensfaser. Suche nie das Glück und den Frieden auf Erden, in weltlichen Dingen. Nur in ihm, den Meister aller Dinge. Liebe ihn in der Gestalt deiner Mitmenschen wie dich selbst. Gegen dich sei hart, ja grausam. Besser aussätzig als gottlos. Gehorche stets der Stimme im Inneren, die leise und doch vernehmlich zu dir spricht, und nie der tobenden, der materiellen Seele, des Nervengeistes. Suche das Licht aus dir selbst heraus, es wird sich finden lassen. Dann wirst du von allein Leid auf Erden genesen und erhaben sein. Wenn dich das Gift, der Zweifel packt, sei standhaft. Die Seelenkämpfe sind die schwersten und nehmen den Körper sehr mit. Aber jeder von uns hat sein eigenes Golgatha, auf dem sein menschliches Ich gekreuzigt wird. Selig du, wenn nach vollbrachtem Sieg du aufatmen und die Worte aussprechen kannst: Es ist vollbracht! Vater in deine Hände lege ich meinen Geist! In jedem Gethsemane deines Erdenlebens ringe dich durch zur kindlichen Hingabe und Bitte: Nicht wie ich will, sondern wie du willst, dein Wille geschehe. Sieh, das Leben des Meisters kennzeichnet den Weg, welchen die Jünger nachfolgen müssen. Die Leidensgeschichte muss jeder Mensch selbst durchfechten, sonst kann er nie zum Licht gelangen. Schwer ist der Weg, aber wer die Hand an den Pflug leget und siehet zurück, der ist nicht geschickt zum Reichte Gottes. Doch ich weiß, dass du durchkämpfen wirst und das Erbe des Bundes voll und antreten."
Zum Abendessen redeten wir viel von Eristee. Ehe wir zur Ruhe gingen, umarmte mich Birani und sprach: „Der Bruder geht von dir, in diesem Leben der Mensch, im Geiste bleibt er bei dir und du bei ihm. Weihe mir mein stilles Andenken. Wir sagen uns nicht Lebewohl, wie die Weltmenschen: Sondern Auf Wiedersehen! In unseres Vaters Hause sind viele Wohnungen, da harre ich dein!"
Damit ging er und ich in diesem Leben auseinander. Lange saß ich munter auf meinem Bette und dachte über die Reden und Lehren nach, bis mich der Schlummer übermahnte.
Am anderen Morgen war Birani tot. Während der Nacht war er friedlich entschlafen. Sein Diener wollte es erst gar nicht fassen und bedauerte ihn sehr, auch mir war mein Herz leer und öde geworden, aber ich hielt mich fest und ordnete alles nach seinem Willen. Der Spanier bat mich, mit nach seiner Heimat zu ziehen oder mit ihm zusammen zu leben, aber ich dankte dem guten Menschen für sein Anerbieten und am Friedhof in

Ohlsdorf schieden wir voneinander. Alle Sachen waren nach Valkenburg abgesandt und verladen. Ich selbst stand auf dem Ufer der Alster und kam mir so verlassen vor. Dann suchte ich nach einer neuen Stelle und bald fuhr ich im Zuge nach Cuxhaven, meinem neuen Wirkungskreise zu zum Kampfe mit der Welt.

Drei Jahre waren dahin gegangen, als ich an einem schönen Novembertage in Valkenburg am Gartentor zu Eristees Wohnung stand. Auf mein Läuten öffnete er selbst, und ich grüßte ihn mit dem Brudergruße. Da erst erkannte er mich. Freudig über mein Kommen, zog er mich eiligst ins Haus und führte mich auf sein Studierzimmer. Zugleich ließ er ein Zimmer für mich herrichten. Er nötigte mich zu sitzen und sprach: „Nun, Bruder, erzähle mir von dir und deinem Leben. Viel weiß ich schon, aber ich will es aus deinem Munde hören."

Mit Biranis Tode begann ich, erzählte auch dessen letzte Lehre an mich und fuhr dann fort: „Bitter weh tat mir das Hinscheiden des Bruders, nachdem ich ihn lieben und schätzen gelernt. Wie verlassen kam ich mir vor, als ich in Dunen meine Stelle in der Landwirtschaft antrat. Aber die eiserne Arbeit und die Zeit heilt alle Wunden. Mit mir selbst bekam ich genug zu tun. Während ich durch Arbeit, Reiten, Baden, Fischen meinen schwachen Körper zu kräftigen suchte, peitschte die Seele und die Nerven der furchtbare Kampf. Ich hatte Stunden, in denen ich weinte, wie ein Kind, wo ich mich selbst verachtete und mir zum Ekel wurde. Wo ich alles verloren gab. Niemand hatte ich, an den ich mich halten konnte. Meine Herrschaft, sonst gut, aber materiell gesinnte Menschen verstanden die Seelenqual nicht. Dann lies sie nach, aber Ruhe und Lösung hatte ich nicht gefunden. So suchte ich die Gesellschaft dieser nordischen Naturmenschen, lachte und scherzte mit ihnen. Meine Seele aber war wund. Da in dunkler Nebelnacht, als ich vor Nebel das Ufer nicht mehr fand, ward mir Erlösung. Meine Seele schrie zu Gott um Rettung, als die Meeresflut mich schon umspielte. Ehe die Flut ganz am Strande war ich auch angelangt und dankte dem Schöpfer für seine Hilfe. Da erkannte ich im Nebelbild den Meister, wie er segnend seine Hände nach mir ausstreckte. Sein Antlitz war so wundersam und mild und ich hatte endlich Grund und Frieden. Wie nach tosendem Sturme die Stille, so war die Ruhe in mein Herz gezogen. In meinem stillen Kämmerlein trug ich wieder Dankeslieder aufs Papier. Dies dauerte über ein Jahr. Dann brach der Sturm aufs Neue, und die Brandungen überfluteten den Grund im Herzen. Die Zweifel kamen mir an den geheimen Kräften, an

ein Fortbestehen, ja an eine Seele. Wohl musste ich mir gestehen, dass ich die geheimen Kräfte schon erprobt und die Tätigkeit derselben gespürt hatte. Aber es war zu wenig. Meister, schrie ich höchster Qual, verlass mich nicht, rette mich. Doch es war alles still. Die anstrengendste Arbeit half nicht, ich musste den Kelch trinken, ob er bitter war oder nicht. Verschrieb mir Bücher, dieser und jener Richtung. Überall Nacht, nirgends Licht. Eines Tages kam ein schweres Gewitter am Horizonte herauf. Ein Arbeitsmann und ich waren auf den Weiden beschäftigt, die Einfriedigungen zu erneuern. Der alte Mann sagte zu mir: „Wir wollen nach Hause gehen, das wird ein schweres Gewitter."
Doch ich zeigte auf die Wolken und entgegnete: „Das tut uns nichts."
Da – ein krachender Donnerschlag. Mir fuhr es wie ein ungeheures Messer durch den Körper, zugleich mit einem großen Hammer auf den Kopf geschlagen. Den Arbeitsmann hörte ich noch vor Schmerz aufschreien, dann schwanden die Sinne, und ich stürzte zu Boden. Die Nerven peitschten den Körper noch einmal auf, dann brach er wieder zusammen. Was war mit mir geschehen? Ich sah den Körper am Boden liegen, vom Regen durchnässt. Aber mir war so leicht, so wohl, so frei wie es nie wieder gewesen ist. Sah aufgrund des Blitzfeuers das Gewitter am Himmel wie eine große Schlacht zwischen hellen und dunklen Geistern toben. Der Regen fiel in Strömen, ich selbst fühlte ihn nicht. Er fiel durch mich hindurch. Da erkannte ich alles, und ich kniete nieder und bat: „Herr, gib mir noch fünfzehn Jahre, ich bin noch nicht fertig, ich habe meine Aufgabe noch nicht erfüllt, zu der du mich gesandt hast."
Eine leise, sanfte Stimme antwortete: „Dir geschehe, was du wünschest, wandle weiter und diene mir."
Schon belebte sich mein Körper wieder und ich erwachte zu neuem Leben. Mit dem alten waren meine Kämpfe geblieben. Schwach und matt richtete ich mich auf. Ein Wagen kam in rasender Fahrt, um meinen Leichnam zu holen, weil der alte Mann eiligst ins Dorf gelaufen und dort auf dem Hof erzählt hatte, dass es mich totgeschlagen. Auch zeigte er seine Hand, die war vom Strahl versengt worden, und er fühlte heftige Schmerzen. Mich hoben die Leute auf und brachten mich heim. Erst am Abend erholte ich mich wieder. In meinem Inneren dankte ich dem Meister, dass er abermals geholfen. Manchmal habe ich mich nach den Brüdern gesehnt. Auch nach dir, und dies ist es, was mich hierher leitete."
„Genug für heute", sprach Eristee, „die Arbeit und das Leid adelt den

Menschen, ganz gleich welche. Ruhe dich heute aus, morgen sprechen wir weiter."

Das Mahl war angerichtet und Eristee erzählte von Valkenburg sowie aus seinem Leben als Arzt. Auch kam das Gespräch auf die Entwickelung der Alchemie zur Chemie. Ob dies ein Fortschritt oder Rückschritt sei, „beides" erklärte Eristee, durch die Entwickelung der Alchemie zur Chemie ist dem Materialismus der Kamm geschwollen, und seine Jünger suchen den Ursprung im Zellengewebe und Säurensubstanz. Dass sie dadurch ganz in die Irre gehen, sehen sie in ihrer Blindheit nicht. Sie stellen eine Anzahl spitzfindiger Hypothesen und Theorien auf, bauen ein Kartengebäude, das ein Luftstoß über den Haufen wirft. Derjenige, welcher sein Ich zum Abgott macht, gerät auf Abwege und Hochmut. Nur um vor der Welt zu glänzen und berühmt zu werden, tötet er die Stimme seines Innern. Er meint, sie zu töten, aber am Ende seines Lebens wird ihm die Wahrheit brausend in die Ohren gellen. Vor seinen Augen wird er erschrecken, das Unheil sehen, welches er durch seinen Ehrgeiz angerichtet hat. Die Theorienmenschen brauchen wir nicht zu bekämpfen, ihr eigenes Schicksal richtet sie, und sie ersticken an ihrer modernen Kultur und Glauben. Einen geistig denkenden Menschen werden sie mit ihren Hirngespinsten nicht in ihren Netzen fangen können.

Nachdem das Mahl beendet war, führte mich mein Wirt in den Garten. Wir setzten uns dort in eine Laube und verwickelten uns in ein Gespräch über Blumen und Pflanzen sowie deren Wirkungen in der Heilkunde. Eristee zog eine Anzahl Kräuter selbst, ohne sie lange auf den Wiesen suchen zu müssen. Obgleich er äußerte: „Jede Pflanze gerät am besten dort, wo ihr Boden ist, wo sie der Schöpfer hingestellt hat, da erhält sie auch ihre Säfte und Kräfte, welche wir brauchen. Wenn du dieselben brauchst, so lasse dir mit Mühe nicht verdrießen und hole sie aus ihrem Urboden, wo sie am besten gediehen sind. Unsere ärztliche Wissenschaft arbeitet viel zu sehr gegen die Naturkräfte, als gerade sie zu benutzen, Linderung und Heilung hervorzubringen."

Wir kamen aus einem ins andere, und so verfloss die Zeit. Als es dunkelte, traten wir ins Haus zurück, genossen unser Abendbrot, und dann gingen wir zur Ruhe. Da ich ziemlich müde war, schlief ich bald ein. Die Nacht war vergangen, schön und klar, auch frisch war der Morgen. In der Annahme, der Erste zu sein, eilte ich ins Freie hinaus, um mich an der Natur zu erfrischen. Im Garten stieß ich auf meinen

liebenswürdigen Wirt, welcher den kleinen Morgengang schon beendet hatte. Eristee erklärte mir die Umgegend und besonders ins Auge fallende Punkte. Dann gingen wir an den Frühstückstisch, nachdem wir uns erquickt, begann Eristee und sprach: „So höre mir nun aufmerksam zu, lieber Freund und Bruder. Ich habe mich gestern jeder Rede enthalten, als du geendet hattest und verwies dich auf morgen. Das ist heute. Deine Kämpfe sahen wir im Voraus, wussten aber auch, dass das Leid dich läuterte und du als Sieger hervorgehen würdest. Als du den Meister und den Urquell suchtest, hättest du ihn leichter finden können, indem du das Wort aufschlugst, welches lautet: Im Anfang war das Wort, und das Wort war bei Gott, und Gott war das Wort. Dieses heißt also: Im Anfang war die Liebe (Minne), und die Liebe war bei Gott und Gott war die Liebe. Dieselbe war im Anfange bei Gott. Alle Dinge sind durch dieselbe gemacht, und ohne dieselbe ist nichts gemacht, was gemacht ist. In ihr war das Leben und das war das Licht der Menschen. Das Licht scheint in der Finsternis, doch die Finsternis hat es nicht begriffen. Gott ist die Liebe, die Welt hat es nie und nimmer begriffen, dass alles aus dieser und von dieser ausgegangen ist. Genau wie die richtige Menschenliebe Früchte, Kinder erzeugt, die das Leben aus der Liebe haben. So hat die große Liebe die Welt und alles, was in ihr ist, erzeugt. Sie erhält alles, sie duldet alles, sie höret nimmer auf. Eben weil die ewige Liebe alles duldet, so herrschen auf unserer Erde große Lieblosigkeiten, Hass, Neid, Krieg, Bruder- und Völkermord. Wäre die Liebe nicht, so wäre die Welt längst in Atome zersplittert. Da die Allmacht das Werk schon längst zertrümmert hätte. Die Liebe ist das aus Ausgleichende Fluidum, allen zum Heile, nicht zum Verderben. Die meisten aber sind in ihre Bosheit vernarrt und stoßen selbst den erlösenden Arm Gottes von sich. Sie sehen nicht sich selbst, nein, sie sehen nur andere, ohne sich selbst zu erkennen und dann die anderen. Das ist auch der Hauptgrund, weshalb die Weltmenschen uns verachten, weil sie fürchten, dass ihre Schwächen und Fehler offenbar würden. Ja keine Mängel, keine Fehler sehen lassen. Das menschliche Leben ist ein Magnet, der stets Gleichgesinntes anzieht. Ist dein Leben gut, wirst du auch gute
Ströme und Geister um dich haben, ist es aber böse findet sich alles Böse in deiner Umgebung. Die bösen Schatten zieht die Luft an sich und reißt sie mit fort. Daraus entwickeln sich Gewitter, in dem ein Kampf zwischen den reinen Naturgeistern und den bösen Schatten beginnt. Die

Naturgeister zwingen die dunklen Mächte zum Schweigen, um sich aufzulösen, sonst würde die Gegend verpestet werden, je nach dem Widerstand der Bösen tobt das Gewitter. Jeder Blitz ist ein Verbannen so und so vieler Schattenseelen in die Materie in das Erdreich, und hier unter der Fuchtel der reinen Erdgeister lernen sie den Weg zum Urquell, wir erkennen wohl seine Macht, aber nicht seine Liebe und wissen nichts von der Schulung des Geistes. Durch den fast unbewussten Willen des Menschen werden sie gezwungen, ihre Tätigkeit zu verrichten, sie ballen sich zusammen, verschiedene Schichten und Körper und Richtungen und bilden neue Geschöpfe, so die Blumen, Baum, Strauch, Tier und Menschenkörper. Beim Tode des Geschöpfes, beim Absterben lösen sich alle in ihre alte Form und Urschicht auf. Wohl vereinigen sich von Zeit zu Zeit eine Anzahl dieser Naturgeister zu einer Seele, die dann in einen Menschenkörper geht. Dieser Mensch wird eine ausgeprägte Liebe zur freien Natur haben, alles von sich am liebsten streifen und nackt und bloß in der Sonne zu liegen oder im Regen zu baden. Derselbe besitzt einen harten Sinn, für Geistiges eine schwere Auffassungsgabe, da seine Seele mit der Funktion, die sie tut, zufrieden ist. Den plagt kein Heimweh, er spürt keinen Seelenkampf und lebt starr und steif, unberührt vom Unmateriellen, sein Leben lang. Wenn dieser Körper zerfällt, hat die Seele Gefallen gefunden am Erdenleben, und sie sucht ein neues Haus, dies so lange, bis sie durch Ereignisse oder durch Vorbilder zum Nachdenken erschüttert wird. Dann erst steigt sie empor, das sind die Geister von unten her des Wortes. Ihnen folgen Geister von oben, die wohl das Licht erkannt, aber im früheren Erdenleben viel gesündigt haben. Obwohl die ewige Liebe ihnen alles vergeben und sie nicht gezwungen sind, den Urquell zu verlassen. Sie nehmen aber freiwillig die Erdenlaufbahn auf sich, um sich zu vervollkommnen. Selbige werden geschickte Handwerker, rechtschaffene gerade Leute, die fest an ihrem Glauben halten und in diesem zur Ruhe gehen. Nun kommt eine Anzahl hoher Geister in bestimmten Zeiträumen auf die Erde, deren Leben nur die Erfüllung ihrer Aufgabe ist. Sie haben schwaches Fleisch, aber einen großen Geist. Ihr Leben schwankt zwischen Kämpfen und Krankheit. Diese tragen viel Heimweh und ungestillte Sehnsucht im Herzen. Das Weltliche ist ihnen zu fad, zu schal, und doch müssen sie den Kampf mit ihm aufnehmen. Dies treibt sie weit in der Welt herum, fast ruhelos, bis ihre Zeit gekommen, dann entfalten sie einen reichen Geist und erledigen ihre Aufgabe. Dies sind die Dichter, Denker, Maler

und Bildhauer. Meist still und ungeachtet, ja verhöhnt und verschmäht von der Welt, wandeln sie ihre Straße. Ihnen fällt das Sterben leicht, denn ihr Geist weiß, von wannen er kam und wohin er geht. Zuletzt müssen noch eine Anzahl Geister, gefallene, in die Menschenkörper gehen, um der Gnade teilhaftig zu werden und Vergangenes zu sühnen. Solche Menschen sind gerissene Kaufleute, Händler, Zeitungsschreiber, Atheisten und Freidenker. Schlau und listig, berechnend und erwiegend, voll Hinterlist und grausam. Ihr weiteres Leben zeigt ihre Geistesentwicklung. Es kann nach langem Irren doch noch zum Guten führen. Daran siehst du, welch große Schule das Menschenleben ist.
Doch wenden wir uns anderen Dingen zum. Ich werfe die Frage auf: „Kann ein Toter wieder leben?" Du sprichst ja und begründest dies mit deinen Erfahrungen. Die Welt aber sagt dir ins Gesicht, du warst nicht tot, sondern nur betäubt, also scheintot. Dein Erlebnis erklärt sie als Nervenzerrüttung, Fieberphantasien. Sieh, so zerpflückt der materielle Mensch die Wahrheit. Statt sich zu fragen, wie mag es darüber gewesen sein. Welche Gefühle waren dort? Die Welt kennt keinen Geist, folglich auch keine Geistesgefühle. Mit dem Worte Humbug streiten sie dir jede Wahrheit ab. Nachzuforschen und nachzudenken, der Wahrheit auf die Spur zu kommen, das gibt es nicht. Das ist für die Fleischesaugen unsichtbar. Geist und Jenseits sind für sie Märchen oder alte Weibergeschichten. Logischermaßen, es wird nicht geglaubt. Ich sehe ja nichts davon, geben sie als Entschuldigungsgrund an. Führst du aber Bibelworte ins Treffen, um durch Tatsachen zu beweisen, wie du meinst, da heißt es: Pfaffengewäsch. Die und derjenige, welche das Buch geschrieben, brauchen Geld, die wollen Geld verdienen. Einer brüllt es, die anderen rufen es nach. Dann kannst du weiter nichts tun, als dich umdrehen und zugehen unter dem Hohngelächter aller. In dir bist du erregt und betrübt und denkst: Herr, sind denn die mit Blindheit geschlagen oder ist es Bosheit. Nun zur Frage: Wie steht es mit dem Scheintod? Es ist der Tod, die Funktionen der Nerven haben aufgehört, der Körper ist kalt und steif. Das Blut ist verdickt, doch ist der Geist, die Seele, noch mit dem Körper verbunden, denn sie steht neben diesem. Der Lebensfaden ist noch nicht gerissen, sowie dieser gerissen ist, hört jede Lebensverbindung und Lebensgeist auf. Die Nervengeister schwirren auseinander, die übrigen Gruppen der materiellen Naturgeister beginnen sich auch abzulösen. Den bloßen Augen zeigen sich Maden. Das Wasser scheidet sich vom Blut usw. Die Seele kann deshalb immer

neben dem zerfallenden Körper stehen oder dorthin folgen, wo der tote Leib hingebracht wird. Die Rückkehr zum Leben ist ihr versagt. Da sie sehr materiell als Mensch gelebt hat, kann sie die entflohenen Natur- und Nervengeister durch ihren Willen nicht zusammentreiben. Aus der Erstarrung über die Erkenntnis, dass das Leben nun aus ist, und keine Rückkehr es mehr gibt, löst sich die Verzweiflung. Wie ihr Leben, so ist ihr Lohn. Das war der wirkliche Tod. Der Scheintod ist eine Ermattung der Nervengeister, sei es durch äußere Einflüsse, größtenteils durch innere, die Seele trennt sich auch vom Körper, sie begibt sich aufs Wandern. Der Geist holt sich Rat und Trost und kehrt erfrischt in sein altes Gewand. Die Nervengeister, die sich alle zusammengezogen und dadurch den Scheintod herbeigeführt haben, nehmen ihre Tätigkeit wieder auf. Die Atmungs- und Lebensfunktion treten in Tätigkeit. Der Mensch erwacht zum Weiterleben. Vielmals genügt das Erkennen, doch wieder auf der Erde zu sein, um eine Revolution der Nervengeister und eine Explosion herbeizurufen. Die Nervengeister dringen zu heftig zusammen und werden durch ihre eigene Heftigkeit auseinander geschleudert. Dies führt in den meisten Fällen zum richtigen Tode, wenn nicht, doch zu schwerem, langem Siechtum. Der Geist, die Seele vermag nicht, aus sich selbst heraus, den Körper so wieder herzustellen, seinen Willen so zu materialisieren, dass es sichtbar bleibt. Der Rest der Nervengeister setzt seine Funktionen fort, kann sich aber auch nicht selbst ergänzen, noch einen aus der sie umgebenden Naturgeister herausziehen und in Arbeit zu stecken. Die freigewordenen hüten sich zurückzukehren, so ist Lähmung einer ganzen Seite des Armes oder Beines die andere Folge. Diese Revolution kann aber auch durch ausschweifende Lebensweise herbeigeführt werden, ohne dass der Geist auf Wanderung war. Schädigt ihn auch selbst schwer mit. Jeder Geist hat eine bestimmte Menge Fluidum in sich mitgebracht, welches für seine Erdenzeit vollkommen ausreicht. Durch Ausschweifungen wird dieses zu rasch verbraucht und dadurch der Geist beengt und abgelenkt von seiner Aufgabe. Wenn nun dieser Mensch in die Kenntnisse der geheimen Kräfte eingedrungen ist, so wird er versuchen, dieses Lebensfluidum, welches sein Leben verlängert, zu erlangen. Viele kürzen dabei ihr Leben, das heißt sie finden den Tod. Etlichen gelingt es doch. Der Geist wird vom materiellen Willen, das Ich des Menschen unterjocht. Er wird gepresst, zu bleiben und dieser Mensch lebt weiter. Meist wird er aus seinem Freundeskreisen verschwinden und als Fremdling unter Fremden weilen. Doch für die geistigen Fortschritte hat die gewaltsame Lebensverlängerung nichts genutzt. Im Gegenteil, durch seine Lieblosigkeit und der Macht des eigenen Ichs hat er sich selbst schwer gestraft, und weiter rück- als vorwärtsgebracht."

Hier warf ich ein: „Gibt es denn noch solche Essenzen auch zu unserer Kenntnis."

Eristee sprach: „Ja, ich selbst persönlich bin nie in die Versuchung gekommen, mein Leben zu verlängern. Warum? Weil ich genug von der Welt gesehen habe und ich dem Urquell und das Urgesetz kenne, habe ich sie nie gebraucht. Es ist dies eine weise Bestimmung des Bundes, dass jeder sich alle Werke und Hilfsmittel selbst schaffen muss, damit nie etwas in falsche Hände gelange. Gelingt es nun einen von uns, diese Essenz zu brauen, dass er das Rezept gefunden, so ist dieser verpflichtet, sein Geheimnis mit in sein Grab zu nehmen. Nicht aus Misstrauen gegen die Brüder, nein, sondern dass das Verfahren nicht Grund zu wilder Spekulation und zum Unheil vieler würde. Denn die unwissende Welt würde es mit Genusssucht ausbeuten, und der Ungerechtigkeit wäre so viel und zu lange auf der Erde gegen das göttliche Urgesetz. Solltest du im Laufe deines Lebens es entdecken, so falle damit nicht der göttlichen Forschung in die Arme. Dann behandle es wie Karl von Eckertshausen es getan hat. Siehe, alles, was ich vom Bunde in meinem Hause, auch von Birani, das wird nach meinem Ableben zu Asche, noch ehe andere darüber herfallen können. Wahrscheinlich wundert es dich, dass es dann nicht auf dich übergeht. Du bist noch jung und hast noch schwere Zeiten vor dir, auch hast du keinen Stein, wo du dein müdes Haupt hinlegen kannst. Wo wolltest du dann mit den Büchern und anderem bleiben? Bei fremden Leuten, dass darf nicht sein, dass so ein unreifes Menschenkind in die Geheimnisse der Kräfte käme. Dessen Untergang ist dann deine Schuld, auch will das deine Bestimmung nicht, dass du Schuld auf dich laden sollst. Wenn es an der Zeit ist, wirst du alles in dir selbst finden, was du brauchst. Was du zwischen den Brüdern gelernt hast, das vergisst du nie, wenn du es auch manchmal meinst. Du lächelst, weil ich von unreifen Menschenkindern spreche, und meinst damit, dass du wohl auch noch nicht reif seiest. Du verstehst mich falsch. Ein unreifer Mensch ist, er kann fünfzig Jahre alt sein, wenn er materiell und materiellen Sinnen lebt. Dagegen kann ein anderer erst zehn Jahre zählen, aber er hat den Ursprung erkannt, ein reifer Mensch. Sein Körper tut nichts zur Sache, auch nicht sein Alter, sondern sein Geist und die Erkenntnis des Geistes.

Hast du mich nun verstanden?"
Ich bejahte.
Eristee aber fuhr fort: „Es ist Zeit zum Mittagsmahl, darum lasse uns ins Haus gehen und das Mahl einnehmen. Dann können wir weiterreden."
Wie er es sagte, so geschah es auch. Nach dem Essen begann Eristee wieder: „Du wunderst dich vielleicht, dass ich nach meiner langen Lehre zum Essen mahnte, dies geschah, um dich zum Nachdenken anzuregen, auch um abzulenken. In diesem Leben grübelt man gerne über eine Sache nach und verrennt sich in einer Sackgasse. Weil die Lösung schwer zu finden ist, doch findet man in harmlosen Handlungen am schnellsten eine Lösung. Drum höre: Der Körper bedarf der Speise, des Trankes und der Ruhe. Dein Geist an und für sich nicht. Er hat das Fluidum bei sich, aus dem er unermüdlich schöpft. Aber die Nervengeister, da sie doch materialisiert sind, das heißt zu sichtbaren Formen gepresst und zu bestimmten Tun gezwungen sind. Sie sind wieder vom Geiste abhängig und wo dieser ruhelos ist, da wird durch die Nerven der Körper mitgenommen. Wenn nun durch lange Reden oder Übungen, geistige Anstrengungen der Geist aufgeregt wird, so bekommen die Naturgeister ebenfalls Mut, gleiches zu tun. So blitzt das Auge, das Blut läuft schneller durch die Adern. Doch alles gleicht sich aus und muss sich ausgleichen, sonst führt es zur Katastrophe. Wie es von der Religion zum Wahnsinn nur wenige Schritte sind, so muss alles mit Maßen geschehen. Du besitzt einen schwachen Körper, ein feingestimmtes Nervensystem. Locker gepresste Naturgeister, die ziemlich Eigentumsmätzchen machen. Dein Wille, die Übertragung der Geisteskraft zwingt sie in die ihnen bestimmten Formen. Doch wenn der Herr nicht zu Hause ist, da treiben die Diener Allotria. Darum lenkte ich dich ab, dass du dich nicht in die Sphären verirrtest, denn ich weiß, vieles kannst du dir aus dir selbst beantworten, ohne irgendeinen fragen zu müssen. Doch es ist gut, wenn wir uns darüber aussprechen. Beginnen wir noch einmal über die Erlebnisse im Hamburg. Dort zog dich ein Inserat an. Du standest bald darauf einem Fremden gegenüber, der dich mit rätselhaftem Worten empfing. Auch sahst du jenes Bild von Cagliostro, dem dunklen Scharlatan einer vergangenen Zeit. Wohl hattest du dunkel von ihm was gehört, aber schon regte sich dein Interesse. Die okkulten Eigenschaften wurden wach. Tagelang warst du gespannt, was wohl werden würde. Dann sagte dir Birani, dass du eingeführt würdest in den Gebrauch der verborgenen Kräfte, zugleich in einen Bund. Das

Mystische, welches dir angeboren ist, regte sich. Es kam die Nacht, in welcher dein Geist in den Bannkreis jenes schwarzen Magiers gezogen wurde. Dort sahst du den Ritus, welchen der Bund auch hatte. Alles, was Cagliostro zeigte, war sein Wille, das vollendete Werk unter dem Werke seines Willens. Du gingst durch Mauern, Decken, Wände, weil du körperlos warst. Das heißt, dein Körper schlief. Der jähe Schmerz, welcher dich beim Stoße des Zauberers traf, deine Nervengeister, die sich aufzulösen begonnen hatten. So tat dir Cagliostro Gutes, ohne dass er es wollte. Denn all sein Sinnen und Trachten war auf das Böse gerichtet auf Erden. Doch besaß er einen großen Geist, der, von sich selbst aus in den rechten Bahnen gehalten, viel Gutes hätte leisten können. Aber sein Ehrgeiz, seine Ruhmsucht, war sein Verderben. Denn als körperlicher Geist kann kein Degen dich verletzen und verwunden, da der Stoß ins Leere geht. Am Tage kam ich. Ohne weiteres kannte ich deinen Charakter, den Zustand deiner Seele. Ich kannte alles sofort an und in dir, an den Augen, am Gesichtsausdruck. Im Zimmer Biranis fandest du den Rosettenverschluss der Schränke wieder, den du in der Nacht geöffnet. Die Larve, die du in der Dose sahst, kennzeichnet Cagliostros Schutz gegen die Unwissenden. Darunter verbarg er bei Lebenszeiten seine Grundstoffe. Ähnliche oder gleiche fertigen wir ja auch, natürlich zu besseren, edleren Zwecken. Die wundersame Musik rührte von einer Windharfe her, in deren Bau und Stimmung der Scharlatan groß war. Dass er durch die Mauer oder vielmehr durch den Spiegel kam, rührt daher, dass du ihm in seiner Welt im Schattenreich auch als körperlosen Schatten sahest. Da setzt er seine Zaubereien fort, ohne sich um den Urquell zu kümmern. Sein Geist ist verhärtet gegen alles Licht, alle Liebe. Er sieht nur sich und seine Scheingröße. Auch er hatte sein Fluidum künstlich verlängert. Ehe er sich zum zweiten Male die Essenz bereiten konnte, verwickelte er sich in Händel und wurde niedergestoßen. Doch weiter, Du wurdest am Abend aufgenommen in den Bund. Nackt und bloß gebunden mit Stricken kamst du an die Pforte. Durch diese tratest du zwischen die Brüder, du schämtest dich deiner Blöße. Wenn du damals die Seelenkämpfe geahnt hättest, denen du später standhalten musstest, mit Freuden hättest du dich an der Pforte blutig schlagen lassen. Dass war eine symbolische Handlung. Von der Welt gebunden, tritt der Suchende in den Kreis der Wissenden. Diese stoßen keinen zurück, doch muss es ihm ernst sein, um seines eigenen Wohles willen. Die Brüder können wohl Lehrer und Führer sein, seinen

Weg zur Quelle geht jeder allein. Da muss ihn die Liebe, die Sehnsucht treiben, wie ein irrendes Kind zum Vater. Dieser Weg ist für jeden der schwerste. Von allen verlassen, steht der Suchende gleich Christus in Gethsemane. Domen und Disteln stechen ihm, Steine verwunden ihn. Die heftigsten Seelenkämpfe haben ihn befallen. Der materielle Sinn, die Natur, die Nervengeister wollen sich gegen den Geist auflehnen und suchen ihm zu verlassen. Das Leben wird ihm zu schwerer Qual. Aber ohne Unterlass muss er an seinem Grundsatze festhalten. Wie du willst, so gehe dieser Kelch von mir, aber nicht wie ich will, sondern wie du willst. Und ihm wird Hilfe. Doch der Weg ist noch weit bis zur Quelle. Es scheint so, nur geht es über Gestrüpp, Domen, Steine. Der Kampf mit seinem Ich findet seinen Fortgang. Banden, Schläge, die schwere Bürde des Kreuzes muss er tragen. Die Nägel werden ihm ins Fleisch geschlagen. Dann zerrt sein Körper im Sonnenbrand durch seine Schwere an den wunden Händen. Weiter geht der Kampf mit den Begierden, mit dem Fleische. Der Körper lehnt sich auf, schlaflose Nächte, brennender Schmerz in allen Gliedern, Fieber. Aber bleibe stark und harre aus. Du wirst siegen. Da – da sprudelt der Quell, dort stehen deine Brüder, dort steht er selbst, der Meister, und dort ist Frieden. Nach heftigstem Leiden fühlt er Erleichterung. Es ist vollbracht, ruft sein Geist frohlockend aus! Er hat gesiegt. Es ist errungen, das hehre Licht. Wie Feuer fließt es in seine Adern und ein Frieden in dem Herz. Er hat die Welt und alle ihre Begierden überwunden. Unser Leben ist ein einzig großer Kreuzeskampf. Wenn wir nach dem ewigen Lichte streben Bruder, du hast in Gethsemane gestanden, du hast das Weltliche um dich überwunden, nun kommt der große Weg nach Golgatha. So du die verborgenen Kräfte verwerten willst, bleibt dir kein anderer. Wieder gehst du in die Welt, und ich gehe von ihr. Auf Erden sehen wir uns in diesem Körper nicht mehr. Harre aus, bleibe fest, wenn die bittere Flut über dich dringt. So du nicht den Meister aufs Kreuz nachfolgest, kannst du nicht sein Jünger sein. Mit dir selbst kämpfe, mit deinen weltlichen Begierden, Gedanken, Handlungen, alles muss von dir. Nichts darf auf dem Körper bleiben. Die Haut muss auf allen Stellen weiß und rein schimmern. So auch deine Seele, welche die Haut oder das Gewand, der Körper des Geistes ist. Lasset uns nun unsere Besprechung schließen. Ich vertraue dir und deiner Geistesstärke." Eristee schwieg.
Bewegt antwortete ich ihm: „Für dein Vertrauen danke ich dir, wie ein Bruder dem anderen dankt. Ich weiß, dass mir noch schwere Kämpfe

und Prüfungen bevorstehen, aber ich will mit Gotteshilfe den schweren Kampf kämpfen und ausharren. Selbst bin ich nichts, mit ihm alles. Das Erbe der Brüder will ich hochhalten, und wenn es an der Zeit ist, erneuern. Um meine Pflicht voll und ganz zu erfüllen. Dann soll der Körper friedlich zur Ruhe eingehen. Der Geist zum Urquell zurück, von dem er ausgegangen."

Wir verbrachten den Rest des Tages noch in herzlichem Gespräch über Birani und andere Brüder, über Eristees Leben und Wirken als Arzt. Nach dem Abendessen ging ich beizeiten zur Ruhe. Am anderen Morgen bereitete ich mich zur Weiterreise vor. Ernesto widersprach nicht, obgleich es ihm leidtat. Nach dem Frühstück nahm ich Abschied. Eristee sprach: „Könnte ich dich bei mir behalten, Bruder deine Bestimmung aber will es nicht. So ziehe dann in Frieden."

Wir schüttelten uns die Hände und gingen in diesem Leben voneinander. Er sah mir vom Gartentor nach, bis mich die Häuserreihen von Valkenburg aufnahmen.

Nach Monaten las ich eine holländische Zeitung und erschrak für einen Augenblick. Drinnen stand zu lesen: Valkenburg. Während der Beerdigung des spanischen Arztes. Dr. Don Ernesto Eristee, brach aus unaufgeklärten Ursachen in dessen Besitztum Feuer aus, welches das ganze Anwesen in Asche legte.

So war Ernesto auch dahingegangen, und ich stand allein. Weitere Wochen vergingen, dann stand ich wieder in Hamburg – Uhlenhorst, auf dem Alsterdamm sowie in jener Straße, wo das Logenhaus gestanden, an der Stelle, wo ich vor Jahren mit Birani und Eristee, dann ohne beide, gestanden hatte. Wehmut zog in mein Herz. Um mich flogen die Mövchen, die Alstertauben. Fröhlich gierend. Ich aber dachte an tote Brüder und ihr Erbe.

Ende

Jünger des Meisters
Der Weg zur königlichen Kunst
Fredo von der Welt

Der Saal war dicht gefüllt mit Zuschauern, welche alle den geheimnisvollen Zauberkünstler sehen wollten. Der Vorhang hob sich, und vor der Menge stand der Künstler in orientalischer Tracht. Ein gelbseidenes Gewand mit rotem Umhang, an der linken Seite ein krummes Sarazenenschwert. Auf dem Kopfe einen weißen Turban mit Feder. Die Arme über der Brust gekreuzt, wartete er, bis Stille und Ruhe eingetreten war. Dann begann er mit lauter, wohlklingender Stimme zu sprechen: „Friede sei euch allen. Was ich zeige und vorbringe, hat nichts gemein mit euren Taschenspielern, welche eine Masse Apparate brauchen, sondern alles ist mein Werk oder mein Wille. Ob ihr es mir nun glaubt oder nicht, das lässt mich kalt. Wer es aber glaubt, der kann mich jederzeit sprechen."
Langsam streckte er die rechte Hand aus und hielt ein langes, weißes Tuch in derselben. Dieses rollte er zusammen, warf es auf den Boden und rief im Runenreim:

„Wallen und Beben,
Sein aus Nichtsein,
Werde zum Leben!"

Das Tuch rollte sich von selbst auf, ward länger und lag wie auf einer Gestalt. Der Zauberer fuhr, starr darauf blickend, fort:

„Nur Liebe,
nicht Rache,
Jüngling, erwache!"

Heftig wurde das Tuch beiseite geworfen, ein Jüngling erhob sich nackt vom Boden, welcher sich aber sofort in dasselbe einhüllte. Der Künstler befahl ihm, sich auf den Boden zu setzen, ihm gegenüber. Sofort setzte sich dieser gehorsam mit untergeschlagenen Beinen in der Mitte der Bühne nieder. Wie, als sähe er etwas Unbekanntes, blickte er fragend in die Menge. – Die Zuschauer wagten vor Staunen fast nicht zu atmen. Der Zauberer streckte seine Hände aus, murmelte unverständliche Schöpferworte, stampfte mit dem Fuße auf, und vor ihm – loderte ein helles Feuer. Er erbat sich von einem der Anwesenden etwas Papier, welches dieser ihm auch gab. Dieses hielt er ins Feuer, im Nu war es verbrannt.

Nun rief der Künstler den Jüngling zu sich und gebot ihm, in die Flammen zu treten. Ohne zu zögern, gehorchte dieser und trat in dieses. Er blieb, ohne eine Miene zu verziehen, zirka drei Minuten darinstehen. Dann befahl ihm der Meister unter die Versammelten zu gehen, sich befühlen zu lassen und wieder zu kommen. Der Jüngling tat es. Mit Scheu betrachteten ihn die Zuschauer, als er mit Lächeln durch ihre Reihen ging. Man sah nichts von Brandwunden noch Schäden. Mehrere Beherzte fassten ihn an den Händen und frugen ihn nach seinem Namen. Der Jüngling antwortete: „Andoni". Seine Hände fühlten sich weich, seine Haut glatt an. Doch war an ihnen nichts Übernatürliches zu sehen. Die Betreffenden sahen sich mit zweifelnden Augen an, als jener wieder auf die Bühne stieg zu seinem Meister. Dieser gebot ihm: „Verlösche das Feuer!"

Er kreuzte die Hände über der Brust, verneigte sich, dann streckte er sie gegen die Flammen aus, starr in sie blickend. Langsam sanken diese nieder, bis sie ganz verschwunden waren. Auf dem Fußboden war nichts mehr von einer Brandstelle zu sehen. Der Meister trat auf ihn zu, und sagte leise und bestimmt: „Andoni, ich bedarf deiner nicht mehr, gehe zurück, von wo du gekommen bist!"

Der Jüngling neigte leicht seinen Kopf und schritt – in die Luft. Er blieb eine Zeitlang freischwebend über den entsetzten Zuschauern stehen. Dann ward ein silberner Nebel, und – er war verschwunden.

Eigenartiger, kalter Schauer schüttelte die Anwesenden. Sie konnten es nicht fassen, wie das möglich wäre. Der Zauberer aber klatschte in die Hände. Es erschien ein Diener, welcher einen großen Spiegel hereinbrachte. Saal und Bühne waren hell erleuchtet. Der Künstler stand mit verschränkten Armen schräg vor dem Spiegel. Dieser schien zu wachsen, wurde größer und breiter, bis er die ganze Wand der Bühne einnahm. Der rätselhafte Mann winkte mit der rechten Hand, als wolle er sein eigenes Spiegelbild zu sich rufen. Doch nicht dieses bewegte sich,

nein, das Bild des Saales im Spiegel war verschwunden. Man sah in ein sonniges, blühendes Land, in dem sich Palmen und Menschen in gleicher Tracht wie der Magier, bewegten. Sie kamen und gingen, Kamele, Esel, Wüstenpferde, Hunde, Rindvieh desgleichen. Vögel flögen in der Luft herum. Die Zuschauer glaubten sich nach Palästina versetzt. – Er winkte wieder. Langsam verblasste die Erscheinung und das alte Spiegelbild erschien wieder. Der Zauberkünstler winkte mit der linken Hand. – Die Anwesenden sahen den Marktplatz ihrer eigenen Stadt, mit seinen angrenzenden Häusern. Erblickten Bekannte, welche in dieses oder jenes Geschäft eintraten, auch verschiedenen Verrichtungen nachgingen. Der Verkehr war genau, wie er täglich zu beobachten war. Eine halbe Stunde blieb die Erscheinung, dann verblich sie. Der Zauberer trat vom Spiegel weg. Dieser sank wieder auf seine normale Größe zusammen. Der Magier nahm ihn und trat damit an den Rand der Bühne und sprach: „Nun soll dieser Spiegel seine Vergangenheit erzählen, und was sich vor ihm bewegt hat!"
Schon wurde das Glas matt. – Der Glaser verpasste den Rahmen um das Glas. Dann wurde der Spiegel verpackt. In einem Salon mit altertümlichen Möbeln schien er zu hängen. Nun folgte das Leben und Treiben der Bewohner des Hauses. Freud und Leid, schöne und hässliche Gestalten. Handlungen gezeugt von Hass und Liebe, Lebenslust, Fröhlichkeit und Trauer. Bis die alten Besitzer verschwanden und der Spiegel wieder eingehüllt wurde. Jetzt hing er im Vereinssaale des Gasthofes. Leute kamen und gingen, feierten Feste, hielten Reden und Toaste. Die Gesichtszüge und Mienen brachte das Glas deutlich zum Vorschein, bis auf die Stunde, wo es der Künstler angesehen hatte, dann war es wieder der alte Spiegel. – Mit Interesse hatten die Anwesenden den wandelnden Bildern zugesehen. Verschiedene fühlten sich getroffen, als sie sich selbst lebend im Bilde wiedersahen. Doch konnte sich keiner erklären, wie dies möglich sei. Der Magier stellte den Spiegel beiseite, streckte die Hände in die Luft und rief den magischen Vers:

„Menschlicher Torheit,
seltsam Verlangen,
nächtlich Gebilde,
furchtsames Bangen.

Wallet und bebet,

> wer es auch sei,
> wallet und bebet,
> und macht euch frei!"

Sofort wallten an der Decke des Saales dichte Nebelwolken, die sich durcheinander schoben. Blitze zuckten. Donner grollten, heftiger Regen strömte hernieder. – Entsetzt und erschrocken saßen die Zuschauer auf ihren Plätzen. Sie fühlten wohl, dass sie nass wurden, aber erheben von den Sitzen konnten sie sich nicht. Der Seltsame aber sprach:

> „Weichet von hinnen,
> euer Beginnen
> war gut und auch frei.
> Es sei!"

Weg war das Gewitter. Die Anwesenden fühlten noch eine Weile die kältende Nässe in ihren Kleidern, dann aber wurden sie trocken. Der Künstler legte seine Hände an die Brust und verneigend erklärte er: „Ich bin zu Ende. Dies war mein letztes Stück. Neugierige Fragen beantworte ich nicht. Wer aber mit festem Vorsatz und völliger Hingabe seiner Selbst zu mir kommt, sei mir willkommen!"
Damit verschwand er von der Bühne. – Der Saal leerte sich langsam. Alle wussten sich das Gesehene nicht zu erklären. – Zwei junge Männer blieben jedoch zurück und versuchten, den Zauberkünstler zu sprechen. Der Wirt willfahrte ihrer Bitte und wies sie nach dem Zimmer desselben. Zaghaft klopften sie und traten beklommen über die Schwelle. Der Magier hatte den roten Überwurf abgeworfen und Stand im gelbseidenen Gewand im Zimmer: „Seid willkommen", sprach er und bot ihnen Stühle an.
„Was ist Euer Begehr?"
Der eine erklärte: „Ich heiße Ernst Wolter, stehe allein da und möchte mich Ihrer Kunst weihen!"
Der andere sprach desgleichen: „Mein Name ist Friedrich Reichardt, bin Wolters Freund und sein Gefährte, mit der gleichen Bitte."
Der Fremde sagte lächelnd: „Walter Marosti nennt mich die Welt. Wenn es Euch ernst mit den Vorsätzen ist, so folgt mir nach."
Die beiden bejahten. Der Meister setzte ihnen dann auseinander, dass sie im Laufe des anderen Tages alles ordnen und am Abend sich am

Bahnhofe einfinden sollten. Damit verabschiedeten sie sich mit dem Versprechen, pünktlich einzutreffen. – Die beiden Freunde schlenderten gemächlich am Bahnhofsgebäude am anderen Tage entlang, fest entschlossen, dem Magier überallhin zu folgen. Eine Droschke hielt vor dem Eingange, während der Kutscher dienstbeflissen einen schweren Koffer dem ausgebliebenen Herrn zur Gepäckaufgabe trug. Der Fremde sah sich scharf um, als er der Freunde ansichtig wurde, glitt ein Lächeln über seine Züge. Er ging auf sie zu, begrüßte sie und ließ ihr Gepäck zu seinem auf einen Schein schreiben. Marosti löste Fahrkarten bis Hamburg für sich und seine nunmehrigen Begleiter. Auf Wolters Frage entgegnete er, dass seine Reise und Vorführungen zu Ende seien, weil er gefunden, was er gesucht habe.
„Was", frug Reichardt?
„Euch," antwortete er lächelnd. „Was Euch jetzt fremd und dunkel vorkommt, wird Euch später schon klar werden. Bis dahin keine Fragen, die jenes Gebiet betrifft."
Die beiden gaben sich zufrieden, und bald brachte sie der Schnellzug ihrem Ziel entgegen. In Hamburg bestiegen sie das nächste Schiff und dampften nach Antwerpen. Von dort ging es mit der Red Star Linie auf Ägypten zu. Als das Schiff den belgischen Hafen verlassen halte, da wandte sich Marosti seinen Begleitern zu und sprach: „Blicket hinter Euch, alles Alte ist vergangen, für Euch im Leben. Mit des Festlands Küste scheidet auch die moderne Kultur desselben von Euch. Unter den modernen Menschen galt ich als ein Zauberer und Taschenspieler, der durch Hypnotismus und Räuchereien die Sinne und Organe seiner Zuschauer umnebeln konnte, dessen ganze Kunst in gewisser Fingerfertigkeit und tief wirkender Redekunst bestand. Die Welt urteilt nach dem Scheine, oberflächlich, weil sie das Tiefere, das Wahre nie sucht und nie wissen will. Kundgebungen unbekannter Kräfte sind ihre Sinnestäuschung oder narrendes Gaukelspiel. Da all ihr Trachten und Wirken dunkel sind, so muss auch alles um sie dunkel sein. Ihr zwei sähet mehr hinter meinen Handlungen, und der Reiz des Unbekannten sowie Eurer persönlichen Ehrgeiz, trieb Euch zu mir. Von mir wolltet ihr die Geheimnisse lernen. Streitet es nicht ab. *Ich selber zog Euch, weil ich Euch brauchte, und der Kreis der Freunde und Wissenden um mich größer werden soll.* Jetzt schaut nur vorwärts, nie zurück, denn das Alte ist vergangen. Für Euch soll und wird alles neu. Euer Leben, Eure Anschauung wird alles anders. Wenn einer von Euch nach Jahren mit all

seinem Wissen und Können an Bord dieses Schiffes zur alten Welt zurückfährt, dann denke er an dieses Wort, das ich zu ihm gesprochen habe, als er auszog ins Unbekannte."
Eine Woche nach dieser Unterredung Marostis mit seinen Begleitern landeten sie endlich in Alexandrien. Am Hafen erwarteten sie bereits eine Anzahl Pferde und Begleiter. Reichardt konnte einen Ausruf des Staunens nicht unterdrücken, als er Wolter darauf aufmerksam machte, denn einer der Begleiter war – Andoni. Marosti lächelte, als er dies bemerkte und sagte: „Ihr wollet doch Jünger meiner Kunst werden, was soll das Staunen?"
Andoni verneigte sich vor dem Meister, dann aber begrüßte er die beiden Freunde mit Händedruck und wies ihnen zwei kleine Pferde an. Wolter bemerkte, dass er noch nie geritten sei. Doch der Jüngling antwortete: „Man kann alles, wenn der Wille dazu da ist!"
Sie saßen nun auf und ließen bald die Stadt hinter sich. Die Pferde schritten gut aus. Am Morgen, nachdem die ganze Nacht hindurch der Ritt gegangen war, machte die Gesellschaft Rast in einem Fellachendorfe. Dort verhandelte Marosti lange mit Andoni und dem Ältesten des Dorfes. Nach einiger Zeit wurden Ernst und Friedrich, die bisher müde am Boden nebeneinander gelegen hatten, hinzugeholt. Der Meister wies jedem orientale Tracht nebst einem weißen Burnus zu und bedeutete ihnen, dieselben sofort anzuziehen. Er selbst legte seine europäische Kleidung ab und jenes gelbe Gewand, welches er damals an jenem Abend getragen hatte, an. Andoni trug ja, wie auch seine Begleiter, schon die Gewänder des Morgenlandes. Nachdem noch das Mahl eingenommen war, streckten alle ihre müden Glieder im Schatten der Behausungen aus. So ging es Nacht für Nacht, wo geritten, Tag für Tag, wo gerastet wurde, bis eine große Hügel- und Bergkette am Horizonte auftauchte. Bald waren die Reisenden zwischen diesen. Nach stundenlangem Klettern gelangten sie in ein großes Tal mit üppiger Vegetation. Wo hatten Friedrich und Ernst dies schon gesehen? – Wo? – Im Spiegel, beim Vortrage Marostis. Halbversteckt unter Büschen und Palmen leuchteten Steinhäuser hervor. Der Meister hielt sein Ross an und sprach: „Dort, jenes Gebäude sei Euer Heim, Andoni wird Euch geleiten. Bis ich Euch rufen lasse, bleibet in Frieden!"
Damit sprengte er und die anderen davon. Nur Andoni blieb bei den Freunden zurück. Im Schatten der Bäume angelangt, stiegen sie von den Pferden und traten in das Haus. Angenehme wohltuende Kühle umfing

sie. Jedes Gemach war mit Teppichen ausgelegt und geschmackvoll ausgestaltet. Andoni wies jedem sein Zimmer an und erklärte: „In der großen Halle werdet Ihr jederzeit finden, was ihr bedürfet. Ich wohne wenige Schrille von Euch entfernt im nächsten Hause. So ihr meiner bedürfet, so schlagt auf einen Gong dreimal. Ein Schlag ruft einen Diener, zwei Schläge ein Reittier, drei Schläge mich herbei. Vier Schläge sind der Ruf des Meisters. Nun ruhet Euch aus, dann sprechen wir weiter!"
Damit ging er. – Die beiden Freunde sahen sich nach was Essbarem um und fanden auf dem Tische in der Halle das Mahl schon vorbereitet stehen. Früchte, Gemüse, Brut und Traubensaft. Sie ließen es sich gut munden, begaben sich dann in ihre Gemächer, um der Kühe zu pflegen. Nach einigen Stunden weckte Friedrich seinen Freund Ernst mit den Worten: „Genug des Schlafes, komm lass es uns alles beschauen, mir ist, als sei dies ein großer schöner Traum."
Ernst erhob und fühlte sich auch wie neugeboren. Beide betraten nun die Halle, um sich wieder zu stärken. Da erklang plötzlich der Gong, einmal, zweimal, dreimal. Überrascht sahen sich beide an, sie hatten doch gar nicht geschlagen, aber Andoni stand schon vor ihnen und sprach: „Meine Freunde! Weil Ihr Euch nun umschauen wollt, will ich Euch etwas Gesellschaft leisten und Euch erklären, was Euch dunkel ist. Erstens, ich selbst, ich bin auch Einer aus Eurem Volk, aber viel jünger, als kleiner Knabe in Marostis Schule gekommen. Er hat mir die Kräfte oder deren Gebrauch anerzogen, so dass sie nunmehr mein Naturell sind. Vor Wochen sahen wir uns zum ersten Male. Dort erblicktet Ihr mich nackt und bloß zum Leben kommend und durch die Luft verschwindend. Dies war die Folge oder Frucht der runischen Willenskonzentration Marostis, erleichtert dadurch, dass von Kindheit an in den und an den Kräften erzogen und gebildet worden bin. Nur meine völlige Hingabe und der eherne Willen des Meisters ließ das Werk auf Minuten gelingen. Die Eingeborenen nennen den Meister den Fürsten von Eden, weil er der unbeschränkte Herrscher in diesem Tal und Bergen ist. Auch er ist ein Europäer, der sich durch eisernen *Fleiß und Ausdauer, Jahre langer Mühe, Qual und Studium* auf diese Stufe der Vollkommenheit geschwungen hat, wo er sich jetzt befindet. Er war einer, welcher im Weltleben keine Ruhe, keine Befriedigung fand, nach Mehr, Besserem, Höherem suchte und auch erlangte. Hier herrscht nur Harmonie und Frieden. Jeder Gedanke gleicht einem elektrischen Funken, der sich

überallhin verbreitet. Alle kennen hier die ewigen Naturgesetze und leben darnach. Somit kann Euch jeder Bewohner ins Innere schauen, ohne dass Ihr ihm etwas sagt. Der Wille wird zum Werde, zur vollendeten Tat. Hier gibt es kein: Ich kann nicht, nein: Nur ich will, und es sei! Alle Geschöpfe, Tiere und so weiter meistern Euern Blick, Eure Macht. Da ist keins wild, denn sie haben alle ihren Nutzen".
Der Gong begann leise zu klingen, wie entfernte Musik.
„Der Meister ruft," rief der Jüngling, ergriff den Schlegel und ließ ihn zweimal auf die Platte fallen. Dann winkte er den beiden, ihm zu folgen, und sie, traten vor die Haustüre. Sofort wurden drei Reittiere vorgeführt. Andoni und die Freunde stiegen in die Sättel und ritten der entfernten Wohnung Marostis zu. Diese lag an einem See, malerisch zwischen Bäumen und Gärten gelegen. Das Gebäude war in Kreuzform gebaut mit flachem Dach. Mehrere Stufen führten auf eine kleine Terrasse vor dem Eingang. Die Angekommenen stiegen ab, Andoni nahm den Pferden das Geschirr ab, steckte es in die Satteltasche und ließ sie weiden. Dann führte er die beiden die Stufen hinauf, über die Terrasse ins Haus. Sie traten in eine große Halle, in deren Mitte ein Springbrunnen plätscherte, angenehme Kühle verbreitend. Hier kreuzte Andoni die Hände über der Brust, verneigte sich leicht und bedeutete den Freunden, das gleiche zu tun. Auf einem Tische stand ein weißes leuchtendes Kreuz, vor diesem lag ein starkes Buch und ein Totenkopf. An den Wänden standen Schränke, deren Türen aber geschlossen waren.
„Friede sei mit Euch, seid willkommen," sprach eine Stimme. An einer Tür stand der Meister in seinem gelben Gewand.
„Andoni", sprach er zu diesem, „ich bedarf hier deiner nicht, aber dort baue und verbessere an ihnen, was ich hier ihnen lehre."
Der Jüngling verneigte sich in der schon bekannten Weise und ging.
Marosti wies beiden Sitze an in der Nähe des Tisches, stellte sich an diesen und begann: „Das Vergangene liegt hinter Euch, wie das Dunkel der Nacht bei Tagesanbruch. Euch trieb beide der Drang, und ihr folgt mir vertrauend, ohne zu fragen wohin, wozu? Ihr wolltet lernen, darum seid Ihr meine Jünger geworden, doch höret. Schwer und rau ist der Weg. Der Meister kann allein nur lehren, ausführen müsst ihr selbst. Wohl könnt Ihr Euch miteinander besprechen, belehren, vertiefen, aber zur Vollkommenheit ist jeder auf sich selbst angewiesen. Was ihr erwählet, das führt auch aus, so zu zagen, ohne zu wanken, ja ohne zurückzuschauen. Hiermit fallen Euer Weltwissen und Können in ein

Nichts, und von vorn, vom Anfang an müsst Ihr lernen und erkennen, was Euch fehlt und not tut.
Alle Religionen, auch die finstersten Heiden erkennen eine Gottheit an. Vielfach streiten in der Welt die modernen Menschen einen Gott ab, weil sie sich in Widersprüche verwickeln und das Wesen von ihm nicht erkennen. Gott ist ein allumfassendes Wesen und doch wesenlos. Gott ist die gesamte Schöpfung, alles, was Erden und Sterne, Welten sind. Eine ungeheure Größe von solcher Majestät, dass die Israeliten keinen Namen für ihn hatten. Er ist der Urquell alles Seins, ein Licht von solcher Stärke, dass alle Sonnen verblassen und menschliche Augen nie zu ertragen vermögen. Wenn es keinen Gott gäbe, so wäre auch kein Weltall, nichts, denn ohne jenes namenlose Wesen könnte nichts bestehen. Was ist er? Er ist Geist, körperlos, allgegenwärtig, ohne ihn ist nichts, wo nicht auch er sei. Ohne ihm geschieht nichts, denn es ist sein Wille. Er ist das ewige Urgesetz, selbst geschaffen und aus ihm alle Dinge. Dieses Wesenlose und doch alles Seiende hat sich selbst verkörpert in der Liebe und diesen in dem Erdenmenschen Joschuah. Wenn die Schrift sagt: Im Anfange schuf Gott Himmel und Erde, so heißt das: Das Wesenlose nahm Form an und entzündete, befruchtete sich selbst durch das Wort und schuf aus sich alle Dinge, Erden, Welten, Engel, Körper. Wie der Mensch in sinnlicher Lust und Begierde nach seinem Weibe entbrennt, diese im höchsten Rausche befruchtet, also, dass sie ihm ein Kind gebiert und somit Blut von seinem Blut zum Leben seines Kindes gibt, genauso schuf Gott aus sich heraus Wesen, mit denen und durch diese dann alle anderen Geschöpfe. Ohne materielle Fleischesberührung, geschlechtliche, da der Geist nicht Weib, noch Mann, sondern beides zugleich ist, auch ist die Zeugung der Dinge nicht materiell-weltlich zu nehmen. Die ewige Liebe ist ein heiliges Feuer, wie wenn Holz sich entzündet und zu Asche verbrennt, logischermaßen Urbestandteile aus sich ausscheidet. So hat auch Gott Urbestandteile aus sich selbst ausgeschieden. Diese Teilwesen entzündeten sich wieder und schufen Teile aus ihrem Teil, hierdurch entstand die Welt, das Weltall, das Urgesetz ist ein stetig Ausscheiden, Teile aus Teilen. Anderseits ein Verdichten, ein Neuschaffen von Dingen, ein ewiger Kreislauf. Die Schöpfung ist und bleibt ein riesiger Gärungsprozess im Großen wie im Kleinen. Versteht Ihr nun dies alles? Gott ist in seinem Grundwesen ein unbegreifliches, unfassbares, unsichtbares, allgegenwärtiges Urwesen. Von sich selbst, aus sich heraus das Urgesetz, dessen Kreislauf keine

Gegenwirkung, kein Gleiches oder Ähnlich werden kennt. – Der Geist Gottes schwebte über den Wassern. Dies ist bildlich. Die Liebe schwebte über dem Wallen und Wogen der Allmacht, über dem Erhalter und Bildner und Urgesetz, welche aus dem Kreis gehen, ungestraft duldet. Über der ersten Eigenschaft, bildlich dem Vater, stand die Liebe, die ausgleichende, versöhnliche, alles duldende, leidende, ergebene Liebe, welche jedem Geschöpf eine Selbständigkeit, einen freien Willen gehen wollte. Sie wollte, dass alle Geschaffenen aus sich selbst herausbilden und dann zum Urquell sich zurückfinden und freiwillig unterordnen sollten. Wahre Liebe ist blind, sagt ein Sprichwort, dies musste die ewige Liebe auch erfahren. Und Gott sprach: „Es werde Licht!" Und es ward Licht. Die Liebe schuf im Verein mit der Allmacht Urwesen, teilhafte Erstgeborene. Lichtwesen mit jener Vollkommenheit der Vollkommenheit ausgerüstet wie Satan bzw. Luzifer, der Lichtträger, den schönsten Engel. – Da ward aus Abend und Morgen der erste Tag. Die erste Schöpfungsperiode hatte begonnen. Die Liebe hatte sich wieder von der Allmacht getrennt. Nacht bedeutet hier der starre Kreislauf, Tag der gewollte freie Wille, den die Liebe für ihre Geschaffenen anstrebte. Das Wesenlose wurde zum Wesenhaften. Das Wasser, die Allmacht, blieb in ihren Grenzen, desgleichen auch der Himmel, die Liebe. Hervor trat das trockene Land, die vor die Wahl geschaffenen Urgeschaffenen. – Da ward aus Abend und Morgen der zweite Tag. – Die Urwesen entschieden sich aus freien Stücken, dem Urgesetz freiwillig zu folgen und schufen aus sich wieder Wesen und Welten. Dadurch schuf Gott Sonne, Sonnenkörper und die Sternenwelt. Alles wurde ins Urgesetz eingeschlossen. Da ward aus Abend und Morgen der dritte Tag. Aus Satan aber entstand die Welt, der Weltenmensch, Erde, Mond und alles, was in, auf und um ihnen sich befindet. Fünf gewaltige Entstehungsperioden bildeten und formten die Wellkörper und alles auf ihnen. Und Gott sah, dass sein Werk gut war. – Ein Schöpfungstag ist über „1000 Jahre" nach irdischen Begriffen. Nach dem Urgesetz, dem Gärungsprozess entstand alles aus sich selbst heraus. Alles bewegte sich im Kreis, dessen Ursprung und dessen Ende im Urquell im Wesen Gottes selbst lag. – Und Gott sprach: Lasset uns Menschen machen, ein Bild, das uns gleich sei. Dazu nahm er Lehm, Materie, gefestigte Geister, Teile aus Millionen Teilen von ihm selbst und aus ihnen entstand sein Ebenbild. Er blies ihm seinen lebendigen Odem ein, gab ihm ein Stück Urgeist, Teil vom Vollkommensten, und machte ihn dadurch zur Krone,

zum Herrn der Schöpfung. Teil in millionste Teile gekleidet, durch seinen Ursprung über alle irdischen Schöpfungen ragend.
Dieser Mensch lebt nur im Urgesetz und durch seine gefestigte Materie ans Irdische gebunden. Doch war ihm alles offenbar, aber er sehnte sich nach gleichgestellten Wesen. Darum schuf Gott aus ihm wieder das Weib mit Eigenschaften, welche die des Mannes ergänzen sollten. Nicht zu seiner Lust, zur Stillung der Fleischesbegierde, nein, als Gefährtin des Erdenlebens. So ist das Weib ein Kind des Mannes und umgekehrt, eine Ergänzung, geschaffen nach dem Urgesetz. Satan aber erhitzte sich selbst und wollte größer sein als ihr Schöpfer, sich nicht mehr freiwillig unters Urgesetz beugen und sank dadurch tiefer. Im Kampf mit Michael verlor er seinen Platz im Himmel, er wurde auf die Erde gestürzt, um die Materie zu verwalten. Im Licht verblasst, mit ihm die Menschen, die den Urquell desselben nicht mehr erkennen wollte. Da zwang die Allmacht sie in die harte Form ihrer eigenen Geschöpfe, und bezwungen musste sie sich in den ewigen Kreislauf fügen, im eigenen Feuer brennend. Mit ihr fielen auch alle durch sie Geschaffenen. Erde, Mond, Menschen. Der Weltenmensch wurde um Jahrtausende vom Urquell weggeschleudert und braucht im Zwange des Kreislaufes *Millionen von Erdenjahren, um wieder auf seine Schöpfungsstufe zu kommen.* Die Liebe in der Gottheit sah mit Schmerzen die Verblendung seines Geschaffenen, betrübte sich sehr und zog sich zurück, der Weisheit und der Allmacht das weitere überlassend. Durch Weisheit und Allmacht entstand die ausgleichende Gerechtigkeit im Urgesetz, dass sich jede Tat selbst lohnt oder straft. Gott ist nie zornig, er selbst straft nie, er greift nie ein. Der ewige Ring, die Gärung klärt und läutert alles von sich selbst. Weil nun Satan, der Luzifer, in die Materie eingeschlossen und so nur im Weltenmenschen seine Macht ausüben konnte, so kam es, dass auch die Ebenbilder Gottes, durch das Fleisch, Kinder des Satans, durch dieselbe versucht wurden, um sich besser zu entwickeln. Wohlwissend, dass die Menschen gleichberechtigte Geschwister des Satans waren, weil ihr Geist ein Stück direkt aus dem Urwesen von ihm selbst war. Luzifer versuchte seine Macht und sie erlagen seiner bewusst gespielten Heuchelei, verscherzten sich damit die ständige Gemeinschaft mit dem Urwesen. Dazu viele Geistesgaben und Kenntnisse, ihre ganze Macht über die Geschöpfe und Gewalten auf Erden ging ihnen verloren. Da sie sich der Materie zuwandten, dem Schein ohne Erkennung des Urseins, erhielten sie auch die materiellen fleischlichen Leidenschaften. Fleischesliebe und -lust,

Hochmut, Hass, Zorn, Neid und Lüge. In deren Begleitschaft kam die Folge des Zwanges im Kreislaufe, der Tod, zur Ablenkung die Arbeit und körperliches Schaffen, als Balsam und zur Aufstachelung des Geistes, sich frei von den lehrenden Banden Luzifers, der Materie zu machen. Durch die Fleschesliebe und -begierde wurde der Mensch dem Tier, das aus dem millionsten Urgeist entstanden, ähnlich. Er wurde Schmerzen bei Geburt und Tod, störenden Naturgewalten, Einflüssen, Krankheiten, dem Altern unterworfen. Erst stand er überall denselben. Gleich wie sein Schöpfer unvergänglich geschaffen. Nur sein freier Wille war ihm geblieben, aber Erinnerung, der Blick über und durch das Irdische, Materielle, auch in Vergangenheit und Zukunft, war ihm genommen. Eigentlich nicht genommen, aber da er durch seine Begierden ihrer nicht mehr pflegte, verkümmerten sie. Zu spät erkannte der Mensch, was er durch seine Schuld verloren. – Genug für heute, in drei Tagen erwarte ich Euch wieder."

Die Tür zum Nebengemach öffnete sich und Marosti verschwand in demselben. Friedrich und Ernst erhoben sich, verließen das Haus. Die Pferde kamen heran, sie stiegen auf und ritten nach ihrer Behausung. Dort angekommen, überließen sie die Tiere den herbeieilenden Dienern und begaben sich in die Halle. Hier saß am Tische Andoni, welcher sich beim Eintreten der Freunde erhob und zu ihnen sprach: „Ich sehe es an Euren Augen, dass Ihr neue, bisher verborgene Wahrheiten erfahren habt. Drei Tage sind Euch zur Sammlung gegeben und zum Nachdenken. Nun will ich Euch in Euren Gedankengängen nicht stören. Falls Ihr mich braucht, so lasst den Schlägel fallen. Aber eines muss ich Euch heute noch sagen. In diesem Tale gilt als Gruß der Wissenden und deren Schüler der rituelle Brudergruß, wie ich ihn getan habe. Desgleichen auch beim Eintritt in die Wohnung eines derselben. Die Dienenden rufen den Gruß: Friede sei mit Euch, dessen Antwort darauf: In alle Ewigkeit. Damit legte er die Hände an die Brust, verneigte sich und schied von ihnen. Die Freunde fanden das Mahl bereitet, und sie stärkten sich daran. Dann, aber ließen sie sich im Gemache von Wolter nieder, und dieser begann: „Hast Du je solche Lehre schon vernommen? Mir war, als hörte ich ein neues Evangelium, als würden alle Worte mit glühenden Eisen in mein Gehirn gebracht!"

„Doch war mir alles klar", entgegnete Friedrich, „über das menschlich denkend unfassbare Wesen der Gottheit. Stundenlang hätte ich noch zugehört. Wie hoch und hehr muss der erstgeschaffene Mensch dagestanden haben, mit seinen vollkommenen Gaben über alles ragend, und doch erkannte er ihren Wert erst, als er gefallen war. Mich drängt es", sprach Ernst heute, „wenn die Nacht gekommen, hinauszugehen und mir die Sterne zu betrachten, mich am Abglanz ferner Welten zu ergötzen".

Friedrich war mit einverstanden. Eine milde, laue Nacht war es, als beide in den Garten traten. Tiefer Frieden und Stille lag auf dem Tale. Die Sterne leuchteten wunderbar. Wenige Meter von ihnen entfernt, stand das Haus, in dem der Jüngling wohnte. Aus dessen Dunkel löste sich eine Gestalt und kam langsam näher. Die Freunde erkannten Andoni. Bald stand er vor ihnen nackt und bloß, wie sie ihn das erste Mal gesehen hatten. Er grüßte sie und sprach: „Lasset die Säfte und Kräfte der Natur, der Nacht nicht nur auf Gesicht, Augen und Hände einwirken. Nein, enthüllet gleich mir Euren Körper und badet ihn in der ozonhaltigen Luft. Härtet ihn ab, weil Ihr eine zu weiche, nahezu Treibhaushaut habt. Damit stärkt und stählt Ihr Euren Willen, Eure Energie! So der Geist arbeitet, darf auch der Körper nicht fasten. Das Urgesetz will Gleiches von beiden. Die fleischlichen Sinne werden zwar die erste Zeit, ob des Ungewohnten, gereizt, aber bekämpft sie. Nackt kamt Ihr zur Welt, nackt steht Ihr vor dem Schöpfer an dem Tage, wo Rechenschaft abzulegen ist. Der Meister sieht auf kein Gewand, sondern aufs Herz, nicht Marosti, sondern der Meister aller Schöpfung. Ihr werdet, wenn Ihr später im Dunstkreis der modernen Welt wandert, mit Freuden im stillen Stunden an abgelegenen Orten die Missbildungen und den Tand der Mode von Euch reißen und bloß mit nackten Füssen auf dem Boden der Mutter des Körpers stehen".

Ernst und Friedrich folgten seinem Rat, dann wanderten die drei geraume Zeit unter den Palmen und Fruchtbäumen einher. Andoni erklärte dabei die Sterne und ihre Beziehung zur Erde, im Bezug auf das Schicksal der Menschen. Als es gegen Mitternacht kühler wurde, kehrten sie in ihre Gemächer zurück und warfen sich müde aufs Lager, wo sie sofort einschliefen.

Am anderen Morgen erschien Andoni in der Halle, als die Freunde beim Frühmahl saßen. Er trug nur einen weißen Mantel oder Umhang, welcher am Halse durch eine Spange zusammengehalten wurde. Nach dem Gruße setzte er sich zu ihnen und sprach: „Ihr kommt stückweise vorwärts, alles, was weltlich ist, muss abgeschafft werden, so auch die weltliche Tracht und Vorurteil. Zwar besitzt Ihr noch die Gewandung,

welche Ihr im Fellachendorfe erhalten, und diese bleibt Euch auch. Nur zu besonderen Anlässen wird die getragen. Sonst aber kleidet Ihr Euch von heute ab, wie ich hier bin. Für die Ritte zum Meister werdet Ihr Sandalen mit Riemen, um Fußgelenk und Unterschenkel zu binden, erhalten. Es wird bereits in Eure Zimmer getragen. Hier warf Ernst die Frage ein: „Wozu dies alles?"
Andoni antwortete: „Ihr seid in Eurer Jugend falsch erzogen worden, zu viel bekleidet, der Körper verweichlicht, denn dieser ist der Luft, der Sonne und so weiter entzogen worden. So Ihr nun die Übungen beginnt und die Prüfungen bestehen wollt, ist das stählen des Körpers unbedingt notwendig. Auch erspart Ihr Euch dadurch bitterer Schmerzen und Leiden, welche die Auflehnung des Fleisches der Materie mit sich bringt. Aber fraget jetzt nicht danach, zu seiner Zeit werdet Ihr Grund und Ursache erfahren."
Die Freunde erhoben sich und entledigten sich der Gewänder, hüllten sich nur in den Umhang und kehrten in die Halle zurück. Unter Andonis Leitung begannen sie ihre Übungen. So vergingen drei Tage und am vierten fanden sie statt Andoni beide Rosse vor dem Eingang stehen. Schnell warfen sie sich auf ihre Rücken und jagten nach dem Gebäude des Meisters. Erst empfanden sie die Blöße als unbehaglich, aber ehe das Gebäude am See auftauchte, waren sie es gewohnt geworden. Die Tiere ließen sie laufen und betrafen die Halle. Heute erschien auch Marosti nur im roten Überwurf. Nach dem Gruße hieß er sie setzen und fuhr belehrend fort: „Der Weltenmensch besteht aus so viel Erden und Welten, wie der Leibeskörper Fleischzellen hat. Diese sind alle miteinander verbunden, d. h., eine hat auf den anderen Einfluss. Gerade wie das Leben auf der Erde die Sonne und ihren Schein braucht, so braucht auch eine Welt die andere. Sei es zum Licht, zur Wärme, zum Wuchs oder zum Schallen, zum Tau, zum Wind. Die Sonne ist die Zentrale, wie das Herz des Menschen, von ihr erhalten die übrigen Grundstoffe wie der Körper das Blut. Wie das Urgesetz der ganzen Schöpfung im Großen, so ist der Weltenmensch und auch der Erdenmensch das Ebenbild Gottes in kleinerem Maßstabe. Ein ewiger Kreislauf, dessen Anfang und Ende im Urquell liegt. Jede Welt hat dieselben Funktionen und Strömungen, nur verkleinerter, entfernter vom Ursprung. Die kleinste Welt ist der Mensch. Alles, was des Fleischesauge sieht, ist aus der Gottheit Satan erschaffen. Doch sind seine ganze frühere Macht und Herrlichkeit in der Materie dieser Erde gebunden,

obwohl die Erde durch den Abfall des Urmenschen aufgehört hat, Zentrale des Weltenmenschen zu sein. Der in Materie gefesselte Satan hat der Erde Licht und Feuer verdunkelt, gehemmt, um den Forscherdrang hervorzurufen. Sie ist doch die Schule der Geister geblieben. Vor den Augen Luzifers werden die Geister, deren Schöpfung durch ihn geschah, zum Urquell gezogen, geleitet. Voller Stolz sieht er zu, wie freiwillige Hingabe der Teile zum Ganzen die Kluft und Entfernung überbrückt, die er für die Entwicklung verursacht hat. – Alles ist Geist. Nichts auf der Welt ist ohne diesen, ohne Leben, sei es auch die härteste Materie, Steine. Durch den ewigen Kreislauf werden alle gezwungen, einander zu dienen, sich zu ergänzen und Neues zu bilden, bis in die kleinsten Grade in der kompaktesten Masse. Sämtliche Kräfte, Säfte, Strömungen in, auf und über der Erde dienen dazu, den Gärungsprozess zu vollenden, zugleich auch zu läutern, zu verbessern. Der Urmensch besaß die Kenntnis, den Gebrauch, die Gewalt über alle, auch über die verborgenen. Der moderne von heute nicht, er ist um ein Jahrtausend zurückgeschritten, statt vorwärts. Warum? Weil er das Sein des Urquells von Satan verleugnet. Doch kann er ihren Wirkungen nicht entgehen, wohl dagegen abstumpfen, aber nicht ablenken. Er steht fast auf der Stufe der Tiermenschen, welche vor des Urmensch Zeiten des Geschaffenen auf der Erde wandelten in den Schöpfungsperioden, deren Überreste die Affen heutzutage sind. Gebilde, ohne Teil vom Urgeist, nur gefestigte Millionstel des Teiles. Kein Wunder, dass der moderne Mensch seinen Ursprung in jenem Affenmenschen sucht und so das Abbild Gottes, welches er heute noch darstellt, verleugnet. Die Tiermenschen lebten und leben nur ihrer Urbestimmung, ohne freien Willen und großen Geist und dessen Fälligkeiten entwickeln zu können, weil er ihnen fehlt und sie nur der Bestimmung leben und handeln müssen. Aber dass Menschen zum Tiere werden durch ihre sinnlichen Fleischesbegierde dem Hang zum Laster, das ist traurig und wider das Urgesetz. Da dieses die ausgleichende Gerechtigkeit in den Eigenschaften Gottes in sich trägt, so straft sich das irrende Tun jener bitter, früher oder später, selbst. Wehe dem Führer und Lehrer der Menschheit, der die wankenden Geister verödet, verpestet mit seiner Irrlehre, mit seinen Hirngespinsten, so kulturell und natürlich es auch sein mag. Es ist wie vergiftetes Honigbrot, welches man hungrigen Kindern reicht, dann ratlos zusehen muss, wie sie sich in Schmerzen und Qualen winden. Der menschliche Verstand, so er den Ursprung ohne die

Hilfe des Geistes ergründen will, endet in einer Sackgasse. Er eckt überall an und findet nie die Lösung. Der Mensch besteht aus Urgeist, feineren Naturgeistern und gröberen, der gefestigten Materie des Körpers. Nervengeist, Bewusstsein und die Sinne, sowie Denkfähigkeit bildet die Seele. Diese mit dem Geist aus dem Urteil den Charakter des Menschen. Der Mensch besteht also aus eins: Charakter; drei: Geist, Seele, Leib: sieben: Gesicht, Geruch, Geschmack, Gefühl, Gehör, Verdauungsorgane und Sinnesorgane; einundzwanzig: Kopf, Augen, Ohren, Nase, Mund. Luftröhre, Speiseröhre, Hals, Brust, Herz, Lunge, Unterleib, Magen, Gedärme. Zeugungsorgane, After, Rückgrat, Beine, Arme, Füße, Zehen, Nägel und Haare. Weitere Bestandteile sind Nerven, Adern, Fleischzellen, Markmasse, Haut, Blut, Blutkörperchen. Alles bedarf, braucht und ergänzt sich untereinander. Je materieller der Charakter, desto sinnlicher die Seele und größtenteils träger, eingezwängter der Geist. So der Geist direkt aus dem Urquell oder unmittelbar aus dem Teil desselben stammt, desto näher und kräftiger ist er. Auch kann er leichter die materiellen Triebe und Regungen unterjochen, bekämpfen, da sein Kreislauf kleiner als der, welchen die Geister der gefesselten Materie seines eigenen Körpers nach dem Urgesetz haben. Die Seele zieht den Geist alsdann mit sich und löst sie in sich und in ihre Bestandteile auf. Ohne Reibungen und Kampf geht es nicht ab, der materielle Sinn der Menschenseele wird versuchen, den Geist in die irdischen Freuden und Genüsse zu verstricken. Da zeigt sich, ob der freie Wille und Drang nach dem Urquell von Begierden bezwungen und niedergehalten werden kann. Durch Übungen, angestrengte Willensstählung kann der materielle Sinn des Fleisches unterdrückt und beseitigt werden. Luzifer sucht mit allen Mitteln, den aufstrebenden Geist vom Urquell abwendig zu machen, ihn zu prüfen, für Vergängliches zu begeistern. Hat er das überstanden, ist der Lichtträger ein treuer Weggefährte und Helfer. Viele fallen ab, aber langsam und stetig werden alle Betörten und auch seine Geschöpfe, seine Kinder von der Materie abgezogen. So endige ich heute die zweite Lehre an Euch. Beherzigt das Wort: Wachet und betet, dass Ihr nicht in Anfechtung fallet, denn der Geist ist willig, aber das Fleisch ist schwach. Fürchtet es nicht, sondern bleibt stark. Bezwingt durch die Übungen die Materie, so bezwingt Ihr Euer Schicksal, die Welt. Wenn ich Euch rufe, dann folget."
Nach dem Gruße verließ Marosti das Gemach. Die Freunde aber ritten

nach ihrer Behausung.
Andoni war ihr ständiger Belehrer und Begleiter geworden, bis auf wenige Stunden der Nacht. Unter seiner Leitung setzten sie beharrlich ihre Übungen fort, unternahmen auch Ausflüge auf die nächsten Höhen, nur vom See und den anliegenden Gebäuden blieben sie fern. Als Ernst einmal darnach frug, tröstete ihn Andoni und sprach: „Alles hat seine Zeit. Du kannst nie einen Apfel auf einen Bissen verzehren. So ist es auch hier. Nur durch Ausdauer und ständig fortschreitende Bildung und Belehrung wird Euch auch noch das letzte Geheimnis offenbar werden."
Mit diesem Bescheid begnügte sich Wolter. Der Streit zwischen Geist und Körper begann, doch bemühte sich jeder der beiden Freunde, seine Kämpfe dem anderen zu verbergen und allein auszufechten. Nur der Jüngling half ihnen über den Berg. Sieben Tage waren verflossen. Am achten ertönte der harmonische Klang des Gongs. Andoni rief: „Der Meister ruft," und ließ die beiden fortreiten.
Marosti stand auf der Terrasse, als die Freunde abstiegen, begrüßte sie und ging mit ihnen in die Halle. Dort begann er: „Auflehnung und Trotz, Widerstand der weltlichen Begierden toben durch Eure Körper. Aber feststeht, ohne Kampf hat noch nie einer eine Krone des Lebens errungen. Diese Krone heißt für Euch der Zustand des erstgeschaffenen Menschen mit all seinen Gaben und Kenntnissen, als Krone und Herr der Schöpfung. Diese bestanden in der Sprache der Tiere, Pflanzen, Steine, deren Sinn, Bedeutung, Wollen und Wirkung sowie der Äther, Erde, Wasser, Feuer, und Wind. – Der Wind weht, von wannen er kommt. Ihr hört sein Brausen wohl, aber Ihr kennt nicht den Schlüssel. Die Natur ist wie ein großes Buch, welches Aufgeschlagen vor allen liegt. Nur wenige verstehen dessen Sinn und vermögen die Blätter zu wenden. Euer Geist kann sich mit den körperlichen Sinnen nicht erinnern, was vor seinem Erdenleben geschehen ist, noch von wo er gekommen. Über dieses liegt der Schatten der Vergessenheit. Noch könnt Ihr als Menschen menschlich grübelnd in die Zukunft schauen. Es ist wie der Blick in einen Spiegel, der da steht am dunklen Ort. Habt Ihr die Macht der Zeichen, Griff und Wort auch der Sprache jemals empfunden oder eine Lehre darüber vernommen? Nein. – Wisset Ihr welche Strömung der Geist zum Leben braucht? Welche Luft, welches Klima Euch am zuträglichsten ist? Wieder nein. – Wisset Ihr das Werden der Pflanze, das Entstehen und Verändern der Erdschichten, das Werden des keimenden Lebens? Ihr müsst wieder antworten nein. – Dies alles erlangt Ihr durch

ständig fortgesetztes Beherrschen der Fleischesgelüste, durch Übungen, durch freiwillige Hingabe an den Schöpfer. Zusammen könnt Ihr wohl lernen, aber in der Stunde der Entscheidung ist jeder auf sich selbst angewiesen. Dein ist der Körper, den Du hast, Dein der Geist, der in ihm wohnt. Dein, Dein Wille und Energie. Du bist selbst Dein eigener Feind, die Kräfte und Säfte dienen allen, da sie aus dem Urgesetze für alle sind, nur Du selbst musst sie meistern. Wenn Du Dich selbst besiegst, so hast Du auch die Kräfte und Mächte der Erde. Du bist für die Erde die Zentrale, der Mittelpunkt aller Mächte. Aber zweifle an Dir selbst nicht, und sieh nie zurück, sondern nur vorwärts, aufwärts. Das Erdenleben ist des Menschen Kreislauf, der Schöpfung im Kleinen. Du selbst bist durch den Geist Gott, Dein Leib aber ist Satan – der Entwicklung – unterstellt. Der Geist aus sich selbst bleibt sich gleich, ist keiner Veränderung unterworfen und kann ihm viel anhangen. Die Seele des Menschen ist das Gewand des Geistes, an dieser liegt es, ob das Gewand das Ganze des Trägers ausmacht oder den Träger selbst. Versteht Ihr solches? Dieses Gewand bedarf der Reinigung, der Ausbesserung. Der Seele hanget nun der sichtbare leibliche Körper an, aus den Grundstoffen der Kinder Satans geschaffen, mit all seinen Lüsten und Begierden der Welt, des materiell, vergänglich Irdischen. Dieser Leib werde das Übergewand des Geistes auf der Erde, nichts mehr und nichts weniger. So weich und elastisch, so nebensächlich, wie nur die Weltkleidung. Sonst kannst Du nie Herr der Schöpfung, der Gewalten werden. Wie Ihr jetzt leiblich vor mir stehet, nur den Körper mit dem Überwurf bedeckt, so soll Euer Geist jederzeit vor seinem Schöpfer stehen, bereit, den Mantel leicht abzuwerfen, zu trennen ohne Schmerzen. Alle sinnlichen und materiellen Fäden müssen getrennt werden. Alles Nichtige soll verschwinden, nur das Unvergängliche, ewig sich Gleiche bleiben. Hart ist die Lehre, hart ist auch der Kampf, der in Euch tobt und noch toben wird, aber groß ist der Gewinn, der Lohn nach der Vollendung. Wieder sende ich Euch von mir, Euch, Euch selbst überlassend und Euren Übungen und Kämpfen. Wenn es an der Zeit ist, werde ich Euch rufen."
Damit entließ er sie mit dem Gruße. Beide strebten, nach ihrer Behausung zu kommen. Die Übungen nahmen ihren Fortgang. Andoni war ihnen mit Rat und Tat behilflich. – Nach zweiundzwanzig Tagen rief der Meister wieder. Eilig folgten die Freunde dem Ruf. Marosti sah sie lange an, als wollte er sie prüfen, und sprach dann: „Meine Lehre war nicht vergeblich, Ihr seid weiter vorgeschritten, und ich kann Euch bald

als meine Brüder und Gleichgestellten begrüßen. Der schwerste Weg steht Euch nun bevor. Hierbei bleibt Ihr nicht beisammen, sondern jeder ist sich nunmehr selbst überlassen, und allein muss er zum Ziele gelangen. Der Liebe aber jammerte die Verblendung Satans und ihrer Geschöpfe sowie die große Kluft, welche die, zwangsweise Einreihung unters Naturgesetz, durch Jahrtausende weiteren Kreislaufs auch der mit gefallenen Urwesen, mit sich gebracht habe. Er beschloss, selbst sich dem eigenen Urgesetz unterzuordnen, und durch ihr Erdenleben die Bahn zum Urquell und Ursein zu ebnen, zu verkleinern, gleichzeitig auch Luzifer zu beweisen, dass Gott nur Liebe und nicht Zorn, Vergeltung, strafende Gerechtigkeit sei. Er sandte aber vor sich her hohe Lichtgeister, welche sich freiwillig in den Zwang der gefestigten Materie einhüllen ließen. Doch die Kinder Satans vernahmen wohl deren Stimme, sahen ihren Schein, doch sie beharrten samt Luzifer in ihrem Trotz und Hochmut, irdische Freuden, waren ihnen augenblicklich lieber als geistige. Ihr Gewand, ihr Fleisch machte sie eitel. Da ward Gott selbst Knecht der Materie, Träger des Fleisches in Jesus Christus. Der wesenlose Gott nahm Form und Gestalt ganz seiner Geschöpfe an. Dieser Mensch hatte Gestalt und Körper wie jeder andere, und doch war er wie kein anderer. Die Liebe ward der Menschensohn, die personifizierte Eigenschaft Gottes, das volle Wesen Gottes, durch Materie bekleidet. Er kam in sein Eigentum, und die Seinen nahmen ihn nicht auf. Wie viele ihn aufnahmen, denen gab er Macht, Gottes Kinder zu werden, die an seinen Namen glaubten. Das heißt, er zeigte ihnen den Weg, wie sie auf die Höhe und Größe des Ebenbilds Gottes, dem Urmenschen, kommen konnten. Welche nicht von dem Geblüt, noch von dem Willen des Mannes, sondern von Gott geboren sind. Teil aus dem Ursein. Niemand hat Gott je gesehen, nur die Liebe, die Eigenschaft im Wesen Gottes hat es uns verkündigt. Durch die Menschwerdung wurde Gott Person und sichtbar den materiellen Augen. Gott hat sich selbst als Menschensohn in die Welt gesandt, nicht, dass er sie richte, sondern dieselbe selig werde, die Teile schneller zum Ursein, Urquell zurückkönnen. Wer an ihn glaubt, ihn erkennt, ihm freiwillig sich hingibt, der wird nicht gerichtet. Er wird durch das Urgesetz gezwungen, doch im Kreislauf wider seinen Willen bleiben zu müssen. Wer Arges tut, materiellen Lüsten Folge leistet, hasset das Licht, er scheuet die Erkenntnis des Ursprunges und sehnt sich nicht nach ihm, weil er die eigene Blöße fürchtet. Der Geist ist, der lebendig macht, das Fleisch ist keinem nutze. Ihr habt das Evangelium vernommen, gelesen, den Buchstabensinn wohl erfasst, aber nie den geistigen. Gelernt habt Ihr Sprüche, weil Ihr es von der Schule aus musstet, aber öd und leer blieben dabei Eure Sinne, weil Ihr nie in den Wert und Wort der Schrift eindrangt. Was nützt es, so Ihr alle Geheimnisse in Büchern leset und Euch an der anziehenden Schreibweise erfreut, aber es doch nicht tiefer wirken lässt. Des Meister Christus Leben und Wandel ist die große Heilslehre für uns. Ihm müssen wir nachfolgen, in seine Fußstapfen treten, alles leiden, alles dulden an und in uns, was ihm geschah, um den Ausgleich zu erlangen. Er lehrte selbst den Schlüssel des Geheimnisses. Wenn Du betest, so gehe in Dein Kämmerlein und schließe die Tür zu. Ihr sollt also lautmagisch beten: Vater unser usw., dies ist der Schlüssel. Dieses Wort, dieses Gebet sollst Du nicht nur mit den Lippen, nein, mit dem Geiste, der Seele, ja, mit jeder Faser Deines Leibes beten. Das heißt beten, und dies ausdauernd, bis Du erlangt hast das höchste Sein. Dein Körper, Deine Seele muss in Gethsemane mit sich ringen, bis das Blut durch die Poren bricht. Alsdann beginnt der Marterweg. Banden, Spott, Hohn, Geißelhiebe, Dornen, die Last des schweren Kreuzes, Nagelung, Hitze und Glut auf zermarterten Körper hast Du zu erdulden, bis Du in den Siegesruf ausbrechen kannst: Es ist vollbracht! Bis dahin bist Du nur auf Dich, auf Deine Geisteskräfte angewiesen. Den fast verzweifelnden Mut fache durch den Vorsatz: Mich dürstet! an und Du bleibst Sieger. Dann erfolgt Deine Auferstehung als Urmensch, geschaffenes Ebenbild Gottes, mit all seinen Gewalttaten, Gaben und Macht, dem Urquell am nächsten gleichbleibend, wie er. Alle Nachtmaterie ist tief unter ihm, er atmet nur noch reinen Äther und schaut den Schöpfer von Angesicht. Ich sende Euch von mir, und wir schauen uns nicht eher wieder, bis Ihr eingedrungen seid. Folget dem Zuge des Herzens. Der Meister stärke Euch in Eurem Beginnen. Ihr werdet nach wenigen Tagen fühlen bei den Übungen, als sei ein Feuer in Euch angefacht. Eine eigentümliche, wohltuende Wärme durchdringt Euch. Das ist der Balsam, der zur Linderung der materiellen Schmerzen Euch zum Antrieb gegeben ist. Euer Wille sei auf mehr, auf alles gerichtet, auf ein Leben und Sein innerhalb und ständig im himmlischen Gefühl. Der Scheideweg liegt vor Euch, entweder mutig vorwärts und aufwärts oder zagend stehen bleiben auf halbem Wege und darin jäh hinab. Die Naturgewalten bleiben die gleichen. Mit ihrer Hilfe könnt Ihr Euren Körper verdichten, Euer Leben verlängern, ohne sich dem Urquell zuzuwenden. Aber nach jahrelangem

Erdenwandel, selbstsüchtig und reich des irdischen Goldes, Ruhmes und Glückes, werdet Ihr doch eines Tages wieder in den Kreislauf gezwungen. Der Körper vernichtet das schöne Gewand, und schrecklich klangt die Mahnung der ausgleichenden Gerechtigkeit an Euer geistiges Ohr. Erde zu Erde, Staub zu Staub. Das irdische Glück, auch selbstsüchtig Jahrhunderte genossen, ist verflogen, und Euer Geist steht nackt und bloß auf dessen Trümmern. Dann habt Ihr Jahrtausende vor Euch voll bitterer Reue und Selbstanklage, finsterer Qual. Seid Ihr gar zu materiell und irdisch denkend geworden, dass aus Eurer Seele der Geist, der Gottesfunke entzogen worden. Das Ewige ist ja vom Vergänglichen getrennt. Dann ist Eure Seele ein finsterer Schatten, ein Schemen geworden, zum Abscheu selbst der reineren Naturgeister, die sich in Pflanzen und Tieren befinden. Der Lehrgang war der gleiche. Lasset Euch darum nicht von vergänglichen, körperlichen Leiden abschrecken vom Weg nach Golgatha. Er führt allein zur Höhe, zum wahren, Glücke, zum Ursein zurück. – Ich bin zu Ende."

Er fasste ihre Hände und sah ihnen wieder tief in die Augen, dann schieden sie auseinander.

Im Hause wartete ihrer Andoni, welcher sprach: „Die Stunden des Tages gehören nun jedem von Euch für sich selbst, nur die Mahlzeiten und einige Stunden der Nacht sind wir beieinander. So wurde es nun auch gehalten. Jeder von ihnen hatte bittere Kämpfe zu bestehen, aber das Feuer in ihnen wuchs von Tag zu Tag und machte sie umso eifriger und fester in ihrem Vorsatze. Mit aller Macht und allen Mitteln lehnte sich die Materie auf gegen ihren Vorsatz und Beginnen, um vernichtend einzuwirken. Aber mit Aufbietung aller Geisteskräfte wurde ihr Angriff abgeschlagen. In den Nachtstunden führte sie Andoni in das Wesen der geheimen Kräfte, deren Gebrauch und Wirkung ein. Das heilige Feuer wuchs und durchdrang Ader um Ader, Glied um Glied. Es war Ihnen, als ob eine Zentnerlast abgewälzt würde. Ein langsames Absterben und zugleich ein verjüngendes Neuwerden.

Monate vergingen. – Eines Mittags fühlte Friedrich, wie sich das Feuer auf den ganzen Körper verbreitete, jede Ader und Sehne durchdrang. Ein Jubeln und Frohlocken erfüllte ihn, er erreichte das Samadhi, und zog ihn ins Freie, in die Natur hinaus. Alles erschien ihm neu und verjüngt. Hin zu dem See trieb ihn der ungestüme Drang. Er stand nach geraumer Zeit am Ufer. Von seiner Mitte strahlte ein silberweißes Licht. Nach diesem empfand er ein Sehnen, und er schritt auf dieses zu. Nicht mehr

der Hindernisse des Wassers achtend. Er bemerkte, dass er nicht in die Tiefe sank, sondern die Wellen für ihn fester Boden waren. Nur hin. Mitten im See stand auf einer kleinen Insel ein kleiner Tempel, aus dem das strahlende Licht quoll. Er trat ein und war – im Licht. Was er dort gesehen und erfahren, spiegelte sich im strahlenden Glanze seines Angesichts, als er wieder das Ufer erreichte. An diesem stand Marosti. Dieser eilte auf Friedrich zu, umarmte ihn und sprach: „Bruder, Du hast die Schwelle überschritten und stehst mit mir auf gleicher Stufe. Ich kann Dir nun nichts oder wenig nur bieten. Alles offenbart Dir der Geist nun selbst. Jede Schranke, jede Entfernung ist zwischen uns gefallen, überbrückt, und sollten Dich und mich auch Meere körperlich trennen, komme in die Halle und speise mit mir. Wir wollen Deine große Stunde würdig feiern."
Reichardt trat mit Marosti in dessen Behausung. Wolter, dem auffiel, dass sein Freund beim Mittagsmahl fehlte, frug den anwesenden Andoni, wo dieser sei. Stattdessen Antwort tönte eine sanfte Stimme: „Bruder, am Urquell, im Licht, bin ich angelangt, ich habe durch die Gnade alles überwunden, und ich harre Dein."
Ernst horchte erfreut auf das Geflüster und rang nach dem Mahl mit sich weiter, das gleiche Ziel zu erreichen. Am Abend trieb es ihn den gleichen Weg, welchen am Mittag sein Freund gegangen. Mit dem göttlichen Siegesglanz auf dem Antlitz trat er dann über die Schwelle der Halle in Marostis Hause. Beide stürmisch umarmend. Ihm folgte auf dem Fuße Andoni nach, der sich mit ihnen freute. Obgleich er sprach: „Ich bin geringer als Ihr, denn ich habe es leichter empfangen, weil ich als halbes Kind die Wahrheit schauen durfte. Ihr dagegen seid an Jahren älter, im irdischen Leben mehr an die Materie gekettet gewesen. Von Weltenlust, von Leidenschaften und Begierden umtobt. Doch erfüllt sich an Euch das Wort. Ein jeder in seinem dunklen Drange, ist sich des rechten Weges wohl bewusst. Wir haben empfangen Gnade um Gnade, dem Meister, dem Schöpfer sei alles Lob."
In lauer Nacht, unter strahlendem Sternenhimmel schritten später die drei, Ernst, Friedrich und Andoni, ihren Behausungen zu.
„Was bist du, o Mensch, mit deinen nichtigen Leidenschaften, mit deinem verblendeten Trotz gegen den Urquell? Wie klein und finster stehest du da. Furcht, Bangen und Zagen ist dein ganzes Leben, Entsetzen und Grauen dein Tod. Du hast das Evangelium des Lebens, des Lichtes vernommen. Geh in dich und erkenne den Pfuhl deiner

Leidenschaften. Dämpfe Fleisch und Begierden. Geschaffen bist du zur Krone der Schöpfung. Doch ein Windstoß wirft dich um. Eine Mücke kann dich verjagen. Groß und mächtig willst du sein, wegen deiner Hände Geschicklichkeit, der Arbeit deines Gehirns. Gehe in dich und erkenne, dass du nichts bist und kannst aus dir selbst. Alles schafft der Geist in dir, der Gottesfunken vom Ursein. Und du willst ihn leugnen. Nacht ist in dir und um dich. Nacht dein ganzes Wesen und Handeln. Erwache, erwache aus deiner Trägheit, aus dem selbstsüchtigen Handeln, aus dem Eigennutz und Hochmut! Krieg, Not und Elend hast du dir selbst heraufbeschworen. Tränen, Trauer und Klagen sind die Folgen deiner Widerspenstigkeit. O sprich nicht, dass es keinen Gott gebe, so wäre das Elend nicht auf der Welt. Du kennst ihn ja nicht, du willst nichts von ihm wissen. Du kennst nicht seine große unendliche Liebe, die alles umfasst, alles erhält. Auch dich, du Leugner und Undankbarer. Hat dir nicht dein Herz in der Schlacht gezittert? Deine Nerven gebebt? Dein Tod, mit ihm dein Schrecken stand vor dir, vor deinen Augen. Da klammerte sich deine Seele an die letzten Reste deines Kindheitsglaubens, und deine bleichen Lippen stammelten Stoßseufzer. Da zog dich der Geist aus dem Morast deiner Sünden. Tritt nicht zurück von mir, beleidigte Eitelkeit kenne ich nicht. Du bist getroffen, ich fühle es. Kämpfe und bete, solange dir dein Erdenwallen noch Zeit gibt, und schaffe deiner Seele Ruhe. Aus Gott bist du, von Gott geschaffen, Sein aus dem Ursein. Erkenne ihn wieder und gib dich freiwillig ihm hin. Vater, ist es möglich, so gehe dieser Kelch von mir, doch nicht wie ich will, sondern wie du willst. Schwach ist dein Leib, dein Fleisch. Krankheit, Elend und Not zerstören deine Jugend, deine Schönheit. Wisse, dass alles, was weltlich ist, vergänglich, nur er bleibe von Ewigkeit zu Ewigkeit. Du selbst kannst nicht aus dir selbst, er aber alles. Nun aber bleibet Glaube, Hoffnung, Liebe, doch die Liebe ist die größte unter ihnen. Schweres hast du zu tragen und zu dulden in diesem Leben. Sieh, auch dein Leben ist ein Gethsemane bis nach Golgatha. Ein harter, blutiger Leidensweg. Doch Großes wirst du erlangen, wenn du geduldig alles getragen. Hochmut, Hass, Selbstsucht, Neid, Geiz aus deinem Herzen verbannt. Alle Leidenschaften überwunden hast. Größer als alle Herrlichkeiten der Welt ist der Lohn, welcher dich, Sieger im Kampfe, erwartet. Was kein leibliches Auge je gesehen, kein Ohr je vernommen, keine Sprache gesprochen und kein Buch beschrieben hat. Licht und Leben ist dann dein ganzes Wallen auf der Erdenpilgrimfahrt. Vernimmst

dieses du, so lege deine Hand auf diese Stelle und sprich: Ich will! Dann betritt mutig den Pfad, der hier beschrieben zu deinem Heil. Nicht halb, mit halber Seele und Sinnen. Nein, ganz und mit festem Vorsatz. Du brauchst nicht nach dem Tale zu reisen, um in der Welt Abgeschiedenheit zu lernen, du brauchst nicht Arbeit, Beruf und Stellung zu wechseln, aufzugeben. Du kannst in stillem Kammerlein, in stiller Stunde die Gotteskindschaft erlangen. *Opfere täglich eine Stunde für dich und bleibe ausdauernd dabei, sollten auch Jahre vergehen. Mag sich auch alles dazwischendrängen und dich ablenken wollen. Bleibe fest und harre aus, bis das innere Feuer ganz und gar dich selbst erfüllt, deinen Geist und Körper durchdrungen.* Dann trittst du in unseren Kreis, in den Ring als Meister, als Bruder. Meister des Fleisches und seiner Begierden. Aber dich treibe nicht Eigennutz. Beherrscher der Kräfte werden zu wollen, ohne dem Urquell anzugehören. Die Mächte, welche du dann brauchst, sind dein eigen Verderben. In dir selbst liegt der Schlüssel zur Pforte, der Grund zur Vollkommenheit. Damit schweigt meine Stimme."
– Am anderen Morgen fanden Wolter und Reichardt bereits Marosti in der Halle vor. Mit ihm war auch Andoni gekommen. Nach dem Mahl richtete sich Marosti auf und sprach: „Liebe Brüder, wohl sagt nun der Geist Euch selbst alles, was noch dunkel ist, doch drängt es mich, Euch nochmals eine Rede zu halten. Die Schrift redet von einem Jüngsten Gericht, gleichbedeutend vom Untergange der Welt, d. h. wenn alle aus dem Urquell ausgegangenen Teile und Teilesteile, Teilchen, durch den ewigen Kreislauf wieder bei ihm angelangt sind, dann ist die gefesselte Materie gelöst und frei geworden. Da ist auch der verlorene Sohn der Weltenmensch, das leiblich sichtbare Weltall geistig geworden. Da ist Satan wieder Luzifer, Lichtträger, und die Erde Zentrale, Herz des Weltenmenschen geworden. Er ist wieder eins mit dem Vater! Dann ist Leidenschaft, Begierden, Tod von der Erde verschwunden. Ihr gefestigtes Feuer lodert, ihr Licht leuchtet wieder. Dann beginnt eine neue Schöpfung, ein neuer Himmel, eine neue Erde, ein neuer Weltenmensch wird entstehen. Das Alte ist vergangen. Es hat dann Satan seiner selbstverschuldeten Auflehnung und zwangsweisen Einfügung in den Kreislauf aller Dinge erkannt und ist reumütig zum Urquell – mitsamt der Menschheit – zurückgekehrt. Der Urstand des sechsten Schöpfungstages ist erreicht. Ein neues Zeitalter wird beginnen. Die Lichtgestalten, die Götter, werden dann körperlich von uns nicht getrennt sein, da eben alle zu diesen geworden sind. Wann dies geschieht, weiß

nur der Schöpfer allein. Aber, dass es geschieht, zeigen die Strömungen der Zeit in den Nationen und Reichen, Geschlechtern der Erde. Tag und Nacht ist nicht mehr getrennt. Wochen und Jahre sind verschwunden. Dieser großen Zeit gehen Weltrevolutionen voraus, welche die Zersetzung und Umgestaltung beschleunigen. Nur Friede und Liebe wird herrschen und nur eine „Hirte und eine Herde" sein. Dies ist die wahre Vollkommenheit. Blicken wir zurück, jedes Jahrhundert hat seine Geistesgrößen und Wissenden gehabt. Im ägyptischen Reich die Priester und Pharaonen, im jüdischen die Propheten und Könige, im assyrischen die Chaldäer, im griechischen die Weisen. Unter römischen Kaisern Weise und Priester, dazu in Arabien und Ägypten die Essäer, in Palästina Gott selbst in Jesus, Johannes dem Täufer und ihren Jüngern, in Germanien die Druiden. In Europa, Afrika, Asien leben heute noch eine Anzahl der Wissenden. So in Indien, Persien, China, unter Mönchsorden und Freimaurern und Rosenkreuzern. Aber auch still und unbekannt, nie hervortretend, fast unter jedem Volke. Die Ernte ist groß, der Schnitter bedarf es viele. Die meisten besitzen eine enge Gemeinschaft, verbunden mit Schulen. So im Altertum die Sphinx eine große Schule ihrer Zeit, nach ihr die Essäerschulen in derselben Gegend. In Indien die Lamas. Nur hat in Europa sogenannte Kultur unsere Wissenschaft, die königliche Kunst zum Aberglauben und Heuchelei gestempelt und zerstörend eingewirkt. So kam es, dass einst mächtige Bünde oder Orden der Wissenden nur noch einzelne, welche sorgfältig ausgewählt wurden, einweihten und sich sonst in schwer verständlichen Bildern nur ausdrückten und lehrten. Unrechte gelangten in die Kenntnis des Gebrauches der verborgenen Kräfte und verwirrten die Sinne noch mehr. Statt Glück und Frieden Elend und Entsetzen verbreitend. Der materielle Buchstabensinn versagt auf geistigem Gebiet, so stellt die Wissenschaft Thesen auf, die schwache Seelen irre leiten. – Euch steht es nun frei, hier zu bleiben oder wieder in die Welt zurückzukehren. Tut nur das, was Euch der Geist gebietet, wie er Euch leiten will."
Dann standen sie auf und traten ins Freie, sich an den wunderbaren Werken des Schöpfers erfreuend. – Nach einigen Monaten verließen die beiden Freunde das Tal, dem Leibe nach. Marosti und Andoni begleiteten sie bis ans Schiff nach Alexandrien. Vorher besuchten sie die Trümmer der Essäerschule in Memphis sowie die Sphinx. Sie lasen dort den tiefen, geistigen Sinn der Lehren in den Hieroglyphen, des Erbauers des Jambusimbil. (Ich war, der ich bin und sein werde.) Dann brachte sie

dasselbe Schiff, mit dem sie vor Jahr und Tag gekommen waren, Europa entgegen. Sie führte der Geist und die Kraft des ewigen:

Ich war – bin – sein werde.

ENDE

Weitere Bücher aus dem Christof Uiberreiter Verlag:

Das goldene Blatt der Weisheit
Seila Orienta/Franz Bardon

Zum ersten Mal in der okkulten Literatur wird die 4. Tarotkarte des Hermes Trismegistos verständlich beschrieben und offengelegt. Sie beinhaltet unbekannte Konzentrations- und Meditationsübungen. Des Weiteren gibt sie Hinweise und erklärt die Unterschiede zwischen Magie und Mystik und Gefahren des einseitigen Weges. Am Ende steht die Verbindung mit der universellen Gottheit, dem Herrn der Sonnensphäre, welcher quabbalistisch „Metatron" genannt wird.

*

5. Tarotkarte – Mysterien des Steins der Weisen
Seila Orienta/Franz Bardon

Dieses Buch stellt die Vorderseite der Alchemie dar, die die einzelnen praktischen Übungsschritte erklärt, ohne die verschlüsselten Mystifikationen der alten Alchemisten auch nur annähernd zu erwähnen, wie man es aus den anderen Büchern des Franz Bardon kennt. Es wird erklärt, dass ohne vollkommene Beherrschung der 4 Elemente keine Alchemie möglich ist. Des Weiteren wird mit den einzelnen Ebenen, mit den Matrizen, dem elektromagnetischen Fluid usw. gearbeitet. Doch den Hauptpunkt stellen die göttlichen Eigenschaften wie z. B. die Allmacht dar, mit denen der Göttliche Stein der Weisen durch gewisse Übungen geladen wird.

*

Talismanologie und Mantramkunde
Seila Orienta/Franz Bardon

Zum ersten Mal werden hier (magisch) geladene Mantrams – Gebetssätze – preisgegeben, welche bei nötiger Reife, Ausgeglichenheit und Reinheit durchdringende Erfolge versprechen. Mantrams sind ja nach Bardon nicht irgendwelche „Suggestionssätze", sondern sie sind Ideenausdrücke, mit denen man mit Mächten, Kräften, Eigenschaften, also Gottheiten, in Verbindung kommen kann. Gleichzeitig werden die dazugehörigen Siegelzeichen der göttlichen Ideen preisgegeben, welche im rituellen Zusammenhang mit den Mantrams stehen. Ein Buch, das nicht nur die Hermetiker, sondern auch die Anhänger der Yogawissenschaften inspirieren wird!

*

Eine Sammlung der schönsten und lehrreichsten Beschwörungsgeschichten
Hohenstätten

Dieses Buch ist einzigartig, denn es zeigt den zweiten Band von Franz Bardon anhand von interessanten Evokationsberichten, die genau das bestätigen, was Bardon in seinem Buch geschrieben hat, und noch darüber hinaus. Es werden sensationelle Erlebnisse geschildert, die man sonst niemals findet. Auch aus unveröffentlichten Schriften wird zitiert.

*

Verkörperungen des Meister Arion
Hohenstätten

Man wird beim Lesen dieses Buches nicht glauben, wie viele bekannte und unbekannte Inkarnationen Franz Bardon hatte. Die paar, die im „Frabato" bekannt gegeben wurden, stellen nur einen geringen Teil seiner Verkörperungen dar. Wir mussten, da es dermaßen wenig Literatur über die Verkörperungen gab, wieder Hunderte und Aberhunderte von Büchern, Aufsätzen, Zeitschriften und Artikeln durcharbeiten, bis wir genügend Material für dieses Buch hatten. Aber der Leser wird sich beim Lesen sicherlich über unsere Arbeit freuen, denn sie wird ihn in Erstaunen versetzen!

*

Shamballa, der goldene Tempel des Lichts
Hohenstätten

Dieser Tempel dürfte jeden Leser von Bardons Roman „Frabato" fasziniert haben. Dass es aber in der okkulten Literatur noch viel mehr Informationen darüber gibt, die man aber nur findet, wenn man alles Veröffentlichte gelesen hat, dürfte dem einen oder anderen unbekannt sein. Es wurden wieder ganze Stöße von Büchern durchgesehen und das Ergebnis wird hier veröffentlicht. Es wird aber gleichzeitig darauf hingewiesen, wie viel Schundliteratur es darüber gibt, wie viel Lügen im

Umlauf sind, damit sich der Schüler der Hermetik ein klares Bild machen kann. Wir bringen in diesem Buch alles, was wir an Material darüber gefunden haben, und es wird auch noch einiges aus der eigenen Erfahrung, was das Wertvollste ist, mitgeteilt. Nicht nur über den Tempel wird berichtet, sondern auch über die damit verbundene „Bruderschaft des Lichts", deren Sitz er darstellt.

*

Auf der Suche nach Meister Arion
Hohenstätten

Diese Autobiographie eines Schülers der Hermetik des Franz Bardon schildert sein magisches Leben, in welchem zahlreiche Erfahrungen zu den Übungen aus dem Adepten geschildert werden, die die Hauptperson selbst erlebt hat. Es wird der schwere Weg des Adepten aus autobiographischer Sicht gezeigt, seine vielen Tiefschläge, aber auch seine glanzvollen Seiten und Zeiten. Der harte Kampf mit dem Seelenspiegel wird bis in alle Einzelheiten aufgezeigt, genauso wie die vielen anderen Wege, in welche der Autor reinschnupperte, um dadurch reichlich Erfahrung sammeln zu können. Darüber hinaus enthält es unzählige Erfahrungen und Berichte betreffs Mantramistik nach Bardon, die wahre Runenmagie, zahlreiche Evokationen sowie Invokationen mit seinem Lehrer Anion, einen magischen Exorzismus, wie er bisher noch nie öffentlich geschildert wurde. Mentalreisen, Beeinflussungen, Übungen zur Gottverbundenheit, Erscheinungen, Alchemie, Heilungen mit den verschiedensten magischen Methoden z. B. Quabbalah oder durch die Elemente, Schutzgeistevokationen und viele andere magische „Wunder" seines Freundes und Lehrers Anion. Auch einige magische Fotos in Farbe, ein bisher von Bardon unveröffentlichtes Akashafoto von Christus und ein Bild des schwebenden Meister Arion werden in diesem Buch preisgegeben. Der Inhalt ist viel reichlicher, als hier kurz beschrieben werden kann.

*

Magisches Gleichgewicht
Hohenstätten

Dieses Buch zeigt eindeutig, dass in allen anderen Systemen das „Gleichgewicht" genauso gebraucht wird, wie bei Bardons Werken. Er war nicht der Einzige, der das erwähnte, aber er war der erste, der es deutlich erklärte, denn die anderen Systeme sprachen nur durch das Symbol, welches nicht jedem Leser verständlich war. Obendrein bringen wir noch Unveröffentlichtes vom Meister Arion zu dieser Grundlage der magischen Entwicklung.

*

Das Leben und die Erfahrungen eines wahren Hermetikers
Seila Orienta

Diese Autobiografie eines Magiers ist unübertroffen, denn bis jetzt hat kein einziger okkult Geschulter so offen und ehrlich gesprochen wie Seila Orienta. Er gibt in diesem Werk sein Leben bekannt sowie seine zahlreichen und äußerst interessanten Erlebnisse und Erfahrungen. Es werden auch zum ersten Mal Fotos von Wesen der Sphären gezeigt, welche Franz Bardon höchstpersönlich in den 1920ern gemacht hat. Des Weiteren schreibt Seila Orienta über die Sphären, über Dämonen, Logenkontakte und vieles, vieles mehr, was einem ehrlich strebenden Hermetiker das Herz übergehen lassen wird.

*

Das Leben des Franz Bardon
Hohenstätten

Dieses Buch beschreibt das Leben des Meisters außerhalb des Frabatos, welches seine Sekretärin – Otti V. – geschrieben hat. Es beinhaltet Erklärungen zu seiner „Biografie", weitere Einzelheiten über den Kampf mit der FOGC, seine Beziehung zu Wilhelm Quintscher und anderen Okkultisten, was alles bisher unbekannt war! Des Weiteren werden viele Erlebnisse seiner Schüler in Prag erzählt, verschiedene magische Leistungen und interessante Geschichten Bardons beschrieben, die bis dato unveröffentlicht sind. Es werden auch seine drei Lehrwerke und deren Wirkung auf die Öffentlichkeit von einem anderen, unbekannten Standpunkt geschildert, welcher durch bisher schwer zugängliche Schriften unterstützt wird. Als Krönung wird seine aus dem Tschechischen übersetzte „Runenschrift" zum ersten Mal veröffentlicht. Auch einige Seiten aus anderen unveröffentlichten Schriften von ihm sowie interessante Fotos des Meister Bardon und seiner Freunde werden hier preisgegeben und vieles, vieles mehr.

*

In Verbindung mit der Gottheit
Hohenstätten

Über das Thema der Gottverbundenheit mit all seinen Formen und Methoden wurde bis heute noch nie ein Buch verfasst, geschweige denn eine Schrift geschrieben. Man findet in der okkulten wie in der östlichen Literatur nur spärliche Hinweise, die größtenteils verschlüsselt sind oder so geschrieben wurden, dass man sie kaum versteht. Im Gegensatz dazu wird in diesem Buch offen dargelegt, dass das 1. kleine Arkanum der 78 Tarotkarten die Gottverbundenheit in ihrer Reinform darstellt.

*

Hermetische Heilmethoden
Hohenstätten

Dieses Buch stellt in der okkulten Literatur ein absolutes Unikum dar, denn über die Gesamtheit der okkulten Heilmethoden wurde bis jetzt noch NIE etwas Sinnvolles geschrieben. Es werden alle Heilmethoden erwähnt, die der hermetische Schüler mithilfe seiner bisher erlangten Konzentrationsfähigkeit ausüben und verwenden kann.

*

Erste hermetische Zeitschrift

„Der hermetische Bund teilt mit" ist eine der wenigen magisch-mystischen Zeitschriften, welche sich so weit als möglich auf die universelle Lehre von Franz Bardon bezieht. Sie versucht sich an die Gesetze des 4-poligen Magneten zu halten und vermittelt Wissen sowie Hinweise für die Praxis, damit der Leser die Möglichkeit hat, sie in seinen hermetischen Weg aufzunehmen und für sich gewinnbringend zu verarbeiten.

*

Von ost-westlichen Runen-Mysterien:
Hermetische Runen-Zeitschrift

In dieser magisch-mystischen Runenreihe wird aus allen uns zugänglichen Quellen das Schöpferwort so wiedergegeben, damit im Sinne von Franz Bardon ihre ursprüngliche Qualität und Quantität in ritueller Form wiederhergestellt wird.

*

Über wahre Runen-Mysterien: IX-Sonderhefte

Diese Reihe der Runen-Mysterien bildet die Fortsetzung des Buches „Hermetische Aufsätze über wahre Runen-Magie". Sie führt jeden ernsthaften Praktikanten der Lehren des Franz Bardon unweigerlich zur Verbindung mit seiner Gottheit, denn hier werden zum ersten Mal die rituellen Übungen des ersten kleinen Arkanums der Ur-Sprache unverschlüsselt wiedergegeben. Deshalb sagen wir: Alaf Sig Runa

*

Noch viel mehr hermetische Literatur finden Sie auf unserer Website: http://www.hermetischer-bund.com.

Viel Vergnügen beim Stöbern!

Der Verlag